Cuida tu bolsillo
Ahorra e invierte tu dinero para ganar independencia financiera

Raquel Quelart

Cuida tu bolsillo

*Ahorra e invierte tu dinero para
ganar independencia financiera*

libros**devanguardia**

Cuida tu bolsillo. Ahorra e invierte tu dinero para ganar independencia financiera
© Raquel Quelart, 2025

© 2025, de esta edición:
La Vanguardia Ediciones, S.L.
Diagonal, 477, 7.ª planta
08036 Barcelona

Primera edición, septiembre 2025

ISBN-13: 978-84-18604-53-9
Depósito legal: B 6199-2025
Imagen cubierta: Toni Borrell
Composición cubierta: Marc Bello
Edición: Toni Merigó

A Nora y Júlia, con el deseo de que la lectura de este libro os ayude en el camino a ser mujeres libres y prósperas

Índice

Introducción
El poder de la cultura
financiera para cambiar vidas

Si hace cuatro años, cuando comencé a crear el podcast de finanzas personales *Bolsillo*, me hubieran dicho que aquella aventura terminaría convirtiéndose en un libro, me habría mostrado completamente incrédula. Primero, porque en aquella época, aunque me dé cierto reparo admitirlo, ni siquiera escuchaba podcasts; y segundo, porque hablar delante de un micrófono sobre dinero, un tema que sigue siendo un gran tabú en muchas esferas sociales, representó para mí un enorme reto.

Lo primero que me propuse fue romper con ese prejuicio tan extendido, influido por antiguas creencias y religiones, de que hablar de temas económicos es de mala educación. Estoy convencida de que esta idea ha causado estragos en el bienestar de muchas personas, ya que conversar sobre ahorro, inversión y, en general, la gestión de nuestras finanzas personales es una excelente manera de tomar consciencia de su impacto en nuestra vida.

Porque, aunque se diga que el dinero no da la felicidad, es innegable que contribuye a alcanzar objetivos vitales que trascienden lo material, como disfrutar de tiempo libre con nuestros seres queridos o dedicarnos a aquello que nos apasiona. No es necesario ser rico para levantarnos cada día con ilusión, pero está claro que, si una de nuestras mayores preocupaciones es cómo afrontar los gastos del próximo mes, será difícil saborear plenamente los buenos momentos de la vida.

Con la publicación de este libro, mi principal motivación es sembrar una pequeña semilla para mejorar la educación financiera de jóvenes y adultos. Además, debo admitir también que va dirigido a mis hijas, con el fin de que su lectura las ilumine en el buen manejo de sus finanzas en aras de su prosperidad.

En estas páginas encontraréis el contenido reformulado y estructurado que hemos compartido en más de setenta capítulos del podcast *Bolsillo*. Además de información financiera útil para fortalecer o mejorar vuestra salud económica, también recopilo recomendaciones y consejos de profesionales del sector y ciudadanos que, de manera altruista, han querido contribuir a este proyecto divulgando sus experiencias y conocimientos. A todos ellos les agradezco sinceramente haber dedicado a este propósito parte de su recurso más valioso: su tiempo.

El primer capítulo trata sobre la importancia de educar financieramente a niños y jóvenes, una herramienta esencial para el desarrollo sostenible y la erradicación de la pobreza. Asimismo, se analiza cómo las estrategias de planificación y los hábitos financieros saludables influyen de forma positiva en la consecución de nuestras metas. El segundo capítulo aborda el grave riesgo del endeudamiento en un mundo cada vez más digitalizado, donde es posible desde el sofá de casa aplazar compras o contratar préstamos rápidos, con el consiguiente sobrecoste en intereses. Tendencia que ha llevado a muchos consumidores a quedar atrapados en la perniciosa espiral de la deuda.

Sin embargo, las nuevas tecnologías no solo facilitan el acceso al crédito, sino que también actúan como altavoz para la difusión de metodologías de ahorro, la principal fuente de riqueza, tal y como se explica en el tercer capítulo.

En los episodios posteriores se exploran las distintas vías para rentabilizar nuestro dinero: desde productos conservadores, como depósitos y la renta fija de alto valor crediticio, hasta inversiones más dinámicas, como acciones, fondos de inversión, bienes raíces, metales preciosos y criptomonedas, destacando también la relevancia del emprendimiento en la construcción patrimonial.

Otro capítulo está dedicado a los factores que influyen en una de las decisiones financieras más importantes para la mayoría: la compra de la primera vivienda, objetivo al alcance de cada vez menos bolsillos por el aumento desorbitado de los precios en las grandes ciudades y sus áreas metropolitanas.

Finalmente, se ofrecen pautas prácticas para gestionar aspectos cotidianos que tienen un gran impacto en nuestro bienestar emocional, social y económico.

Si bien este libro tiene una finalidad divulgativa, espero que su lectura no solo te resulte amena sino también de utilidad para alcanzar tus propósitos financieros y vitales.

1. Primeros pasos

"La clase media compra deudas, los ricos, activos...
Eso marca la diferencia", Robert T. Kiyosaki

Hay dos aspectos que tienen en común las personas que viven atrapadas en la "carrera de la rata", aquel estilo de vida tan extendido en el capitalismo moderno que nos lleva a dedicar gran parte del día a trabajar con el único fin de ganar dinero para gastar. Un ciclo de producción y consumo que resulta infructuoso, pues impide que crezca el patrimonio familiar, al tiempo que dispara el riesgo de las personas que lo siguen de acabar en bancarrota, ya que las hace más vulnerables a la hora de afrontar de manera solvente cualquier contratiempo económico.

Afortunadamente, hay escapatoria a esta perniciosa rueda: la cultura financiera. Si bien siempre es buen momento para adquirir conocimientos en esta materia, cuanto antes comiences, durante más tiempo podrás disfrutar de los beneficios de tener unas finanzas saneadas y alineadas con el estilo de vida que realmente deseas. Y menos posibilidades tendrás de cometer errores que pueden arruinar tus planes y, en el peor de los casos, cambiar tu destino.

Por desgracia, a los 23 años viví en mis propias carnes la consecuencia de haber recibido una insuficiente educación financiera. En aquella época, los escasos conocimientos que tenía sobre cómo manejarme con el dinero los había aprendido de manera intuitiva viendo cómo gestionaban sus modestos caudales mis familiares más cercanos, que en general abordaban el asunto con más improvisación que estrategia. Así, recién licenciada y con ganas de emanciparme para crear un hogar junto a mi novio, y con las únicas premisas de "no alquiles, que es tirar el dinero" y "compra, los precios de los pisos nunca bajan", me enfrasqué en la aventura de adquirir mi primera vivienda sin apenas ahorros ni trabajo estable.

Pese a ello, el banco nos acabó prestando 211.000 euros para la compra de un piso viejo de 70 metros cuadrados situado en una localidad de la provincia de Barcelona, con la condición, eso sí, de que avalaran la operación nuestros padres y madres a riesgo de perder su patrimonio. No tardamos en darnos cuenta de la decisión tan irresponsable que habíamos tomado, puesto que a los pocos días de firmar la compraventa mi pareja se quedó en paro, lo que nos obligó a hacer malabares durante un tiempo para hacer frente al pago de una cuota hipotecaria de casi mil euros mensuales. A esto se suma que dos años más tarde, cuando estalló la burbuja inmobiliaria, aquella vivienda que compramos con la firme convicción de que nunca bajaría de precio acabó devaluándose más de un 30%. De hecho, cuando la vendimos al cabo de 14 años, solo nos dieron por ella 130.000 euros.

Muchas veces pienso en lo afortunada que hubiese sido si me hubieran denegado aquel crédito, al igual que muy probablemente deben de pensar las familias que perdieron su casa durante la crisis financiera al no poder devolver sus préstamos. Aún duele recordar las situaciones tan terribles que presenciamos los periodistas que cubrimos en primera línea los centenares de miles de desahucios que hubo en aquella época. Familias enteras que de un día para otro no solo se quedaron sin empleo sino también sin techo. Situaciones que, si bien es cierto podrían haberse evitado con una mayor diligencia por parte de la banca en la concesión de crédito, estoy convencida también de que con una población educada financieramente la magnitud de la tragedia hubiera sido mucho menor. De ahí la importancia de transmitir este tipo de conocimientos a nuestros hijos.

La conciencia del dinero comienza en la infancia

Justo en el mismo año en el que numerosos analistas sitúan el inicio del boom inmobiliario, en 1997, el empresario de ascendencia nipona Robert T. Kiyosaki publicó *Padre rico, padre pobre,* en donde expone que la mayoría de personas aprenden a cómo manejarse con el dinero en el seno familiar, debido a que este conocimiento suele escasear en los currículos escolares. En España, por ejemplo, la actual ley educativa lo incorpora como una competencia transversal en diversas asignaturas desde primaria. Además, desde el 2008 se organizan jornadas de formación, talleres, conferencias y seminarios en todo el país en los sucesivos planes de educación financiera promovidos conjuntamente por el Banco de España, la Comisión Nacional del Mercado de Valores (CNMV) y el Gobierno. Una estrategia que, no obstante, todavía no arroja mejoras en este ámbito, según se desprende de los resultados del último informe PISA que sitúa las competencias que los estudiantes españoles de 4.º de ESO tienen al respecto por debajo del promedio de los países de la Organización para la Cooperación y el Desarrollo Económico (OCDE).

La familia sigue siendo, por lo tanto, el principal baluarte en la transmisión de este tipo de conocimiento. Un aspecto nada baladí, pues las cuestiones de dinero tienen un impacto directo en el bienestar de la ciudadanía. Sin ir más lejos, un estudio publicado por el mismo organismo concluye que las personas con estrés financiero son más propensas a sufrir, entre otras enfermedades, migrañas, insomnio, ansiedad, úlceras de estómago, hipertensión y ataques de corazón.

Motivos más que suficientes para enseñar a nuestros hijos buenos hábitos que les ayuden a gestionar de manera correcta su dinero y les alejen de la "carrera de la rata", expresión con la que Kiyosaki se refiere al pernicioso ciclo vital de trabajar con el único objetivo de pagar deudas e intentar llegar a final de mes. Y al igual que le ocurrió al multimillonario inversor, mi experiencia me ha demostrado que la familia en la que nacemos condiciona nuestra manera de relacionarnos con el dinero. Así, mientras que para algunas familia el dinero es la raíz de todos los males y consideran que hablar de asuntos pecuniarios es de *mala educación*, para otras la escasez de dinero es el verdadero problema, por lo que se esfuerzan para que nunca les falte. La primera visión, combinada con la falta de hábitos en la gestión monetaria, como la del ahorro y la planificación del gasto, podría explicar por qué hay personas con brillantes carreras profesionales y sustanciosos ingresos que sufren para llegar a final de mes y que incluso abandonan este mundo con más deudas que dinero en la cuenta corriente.

Así que una de las mejores herencias que podemos transmitir a nuestros hijos es la educación financiera y predicar con el ejemplo. Porque un aspecto que tienen en común muchas de las personas que se han convertido en referentes de riqueza económica es que nacieron en el seno de familias que les enseñaron a tomar decisiones inteligentes para ahorrar y hacer crecer su patrimonio, lo cual no quiere decir que sus ascendentes fueran ricos, sino que simplemente pagaron con holgura sus facturas y vivieron sin estrecheces económicas. Pero aquellos que no han tenido la suerte de recibir cultura financiera en la infancia, todavía están a tiempo de cambiar el rumbo de sus finanzas.

La transmisión del conocimiento financiero en el seno familiar suele tener raíces más profundas de lo que muchos imaginan, incluyendo la influencia religiosa. Por ejemplo, la Torá, el libro sagrado del judaísmo, contiene principios sobre la administración responsable de los recursos y la ética en los negocios, aunque la interpretación de estos preceptos puede variar según la comunidad judía. "Está claro que los orígenes culturales y religiosos de cada uno, en mi caso criptojudíos, influyen mucho en cómo gestionamos el dinero", admite el economista Teodor de Mas i Valls, autor de *El arte de hacer dinero*. "Yo veía que mis padres gestionaban el dinero de una manera diferente de los padres de los otros niños", relata en el podcast *Bolsillo*. Un legado que le permitió comenzar su colchón de ahorro a los nueve años vendiendo en la escuela gusanos de seda que criaba en cajas de zapatos pese a los recelos de la profesora, que le instó a cesar su actividad porque los otros niños incluso llegaban a robar en casa para pagarle, y eso generaba conflictos. Lejos de amonestarle, sus padres al enterarse se sintieron orgullosos.

Otro ejemplo de cómo la religión influye en nuestro manejo del dinero y los negocios se encuentra en la ley islámica, que prohíbe el cobro de intereses sobre préstamos –práctica conocida con el nombre de *riba*, que podríamos traducir como usura–. Por esta razón la banca islámica opera a través del uso de contratos participativos en los que, en lugar de cobrar intereses, el banco comparte con el cliente tanto los riesgos como los beneficios.

En la tradición cristiana, en cambio, hablar sobre dinero tiene connotaciones pecaminosas. "Porque el amor al dinero es la raíz de toda clase de males. Por codiciarlo, algunos se han desviado de la fe y se han causado muchísimos sinsabores", se lee en el Nuevo Testamento (1 Timoteo 6,10). O también "Nadie puede servir a dos señores, pues menospreciará a uno y amará al otro, o querrá mucho a uno y despreciará al otro. No se puede servir a la vez a Dios y a las riquezas". (Mateo 6,24).

Cultivar una mente abundante

Si bien las distintas religiones rechazan la avaricia, es innegable que la raíz de muchos problemas se halla en la escasez de dinero, que a su vez se origina en nuestra mente. Sin darnos cuenta, lo que hemos aprendido de pequeños sobre finanzas contiene numerosas creencias limitantes que nos llevan a tomar decisiones poco o nada beneficiosas para nuestro bolsillo. Una de las más extendidas es asociar el dinero con algo malo, ¡cuántas veces hemos escuchado que el dinero solo trae desgracias! Son en definitiva creencias que no solo lastran nuestro bienestar financiero, sino que en ocasiones también nos convierten en personas tóxicas.

Es bastante habitual que esos pensamientos nos hagan sentir raros cuando vemos la posibilidad de ganar más dinero. O cuando nos enteramos de que a alguien le va bien económicamente: en vez de interesarnos por cómo lo ha conseguido, en seguida lo acusamos de aprovecharse de los demás o de robar. Este tipo de actitudes suelen tener consecuencias nefastas, pues en el peor de los casos dañan gravemente nuestras relaciones amistosas y familiares.

La buena noticia es que es posible cambiar de chip para enfocar nuestra mente en la prosperidad económica. Así lo atestigua el inversor valenciano e impulsor del movimiento Independencia Financiera Josan Jarque, que presume de haber conseguido el retiro laboral a los 40 años gracias a ahorrar e invertir para generar suficientes ingresos pasivos –los rendimientos que se obtienen por tener la propiedad de un activo– como para cubrir todos sus gastos mensuales y llevar un estilo de vida que le permite vivir viajando buena parte del año. "Para mí la clave fue cuando cambié mi mentalidad: pasé de pensar 'tengo tanto dinero ahorrado como para vivir tantos años' a pensar 'tengo un ahorro que me da unas rentas con las que podría tener tanto dinero al mes'. Ese cambio de paradigma fue la clave", asevera.

Entrenarse en la abundancia es lo que llevó también al prolífico escritor Raimon Samsó a conquistar su estilo de vida soñado: dedicar gran parte de su tiempo a escribir y abandonar un empleo bien remunerado que en el fondo no le satisfacía. Una transformación vital que, admite, no fue para nada un camino de rosas. "A la gente siempre le deseo una buena crisis, que es aquella que te cambia y que te pone contra la espada y la pared, obligándote a sacar todo lo que tienes dentro de ti: toda tu creatividad, todas tus ganas y tu motivación para sobrevivir", explica.

Te encuentres o no en una crisis existencial, lo cierto es que para comenzar a cultivar una mente abundante resulta de gran utilidad ver el dinero como una semilla que hay que plantar para que empiece a crecer. Así, por ejemplo, si has decidido abrir un negocio, es preciso preguntarte qué ganarán tus potenciales clientes con lo que eres capaz de ofrecerles. Si la respuesta te convence, acabarás viendo los brotes verdes de aquella semilla que plantaste. Del mismo modo, si decides dejar de tirar de tarjeta de crédito para llegar a final de mes, el consumo racional, el ahorro y la inversión constantes te permitirán comenzar a percibir ingresos pasivos que crecen cada mes gracias al efecto del interés compuesto. Dinero que llega a ti sin la necesidad de trabajar y que te aportan calma y bienestar.

Se trata, por tanto, de generar lo que Samsó llama "karma financiero", es decir, que aquello que das acaba de algún modo volviendo a ti. La primera semilla para generar un karma financiero propicio, asegura, sería pensar más en el prójimo. En este sentido, se muestra convencido de que las personas y empresas muy codiciosas son imperfectas, pues es "gente que sufre mucho, es muy odiada y crea un karma financiero horrible", lo que a menudo deriva en enfermedades y problemas. De ahí la importancia de plantar una segunda semilla: la de la coherencia y la honestidad a la hora de atesorar riqueza, ya que –nos previene Samsó– "ganar dinero está bien, pero no a cualquier precio ni a costa de otros". Y por último, la tercera semilla se basa en ofrecer a los demás aquello que estás buscando. "Aunque parece una idea muy volada, es real. Te pongo un ejemplo. Cuando en el año 2008 escribí *El código del dinero*, yo no tenía tanto dinero en realidad pero escribí el libro. ¿Y qué pasó? Que el dinero vino con el libro. Estaba ayudando a la gente que quería hacer más dinero. Y en el camino de escribirlo, tuve que cambiar; me transformó. Cuando terminé, yo ya tenía la mente rica; mi cuenta bancaria todavía no lo era, pero era cuestión de tiempo de que lo fuera porque ya era rico dentro de mí; pensaba como un rico; tenía la conciencia del dinero". En definitiva, Samsó experimentó en primera persona aquello que siempre prodiga: que el dinero comienza ¡en la mente!

Objetivos vitales, objetivos financieros
En mi caso, comencé con mal pie en el terreno económico. La compra de un piso a un precio desorbitado a mis 23 años, cuando apenas comenzaba a hacer los primeros pinitos en mi carrera profesional, me ha impedido a la larga cumplir uno de mis principales objetivos vitales: criar a mis hijas en el lugar donde pasé mi infancia, una localidad marítima ubicada al lado de la ciudad de Barcelona con el

precio de la vivienda por las nubes. Si en vez de gastarme más de 150.000 euros –cantidad que nunca recuperé– en amortizar la mitad de la hipoteca y reformar un piso viejo en un lugar en el que en realidad no me gustaba vivir, me hubiera decantado por alquilar una vivienda durante mis primeros años de juventud, quizás años más tarde hubiera contado con el ahorro suficiente para mudarme a mi estimada localidad costera. Un sueño que de momento he dejado aparcado, ya que la idea de volverme a hipotecar hasta las cejas me angustia sobremanera. A veces es necesario hacer renuncias importantes para ganar en otros aspectos de la vida, como disponer de un mayor ahorro, invertir y dar rienda suelta a una de las aficiones más compartidas de la humanidad: viajar.

Sin embargo, debo admitir que cuantas menos renuncias significativas tengamos que hacer, mejor nos irá. Para ello, es imprescindible que comiences cuanto antes a poner orden a tus finanzas. El primer paso será hacer un diagnóstico preciso de tu salud financiera con el fin de ver cuán lejos estás de alcanzar las metas que para ti tienen más valor en la vida. Por descontado, muchas de ellas nada tienen que ver con lo material –como ocurre con el amor o las buenas amistades–, pero hay otras cuya consecución implicará planificación y el desarrollo de una buena estrategia financiera. Por ejemplo, quizás te has propuesto costear los estudios en el extranjero de tus hijos, tomarte una excedencia laboral para cuidar de tu bebé o bien dar la vuelta al mundo a bordo de un coche clásico cuando te jubiles. Pero por muy importante que tus planes vitales sean para ti, la realidad es que la mayoría de ellos comportan el desembolso de varios miles de euros.

Para visualizar el estado de tu situación financiera, puede ser de utilidad plasmar por escrito cuáles son tus ingresos mensuales, detallar todos tus gastos separándolos en necesarios y no necesarios, cuánto dinero tienes ahorrado en el fondo de emergencia –debería ser suficiente para cubrir los gastos necesarios de 3 a 6 meses–, así como reflejar cualquier tipo de deuda pendiente y el patrimonio que tengas en productos de ahorro e inversión. Por último, deberás calcular el patrimonio neto restando todos tus pasivos (hipotecas y otras deudas) a los activos totales, como bienes inmuebles y el dinero de cuentas corrientes y depósitos o planes de pensiones. Llevar a cabo este ejercicio de manera regular, aunque sea una vez al año, es una herramienta esencial para saber cómo afectará a nuestra economía doméstica cada decisión importante sobre dinero que deseemos tomar, descartando aquellas que pongan en jaque nuestra salud financiera (tabla 1).

Activo	Valor activo (euros)
Activos inmobiliarios (210.000 €)	
Vivienda habitual: 200.000 €	200.000
Párking: 10.000 €	10.000
Activos mobiliarios (21.000 €)	
Vehículo: 6.000 €	6.000
Joyas: 3.000 €	3.000
Lancha: 10.000 €	10.000
Arte: 2.000 €	2.000
Activos financieros (28.000 €)	
Fondo de pensiones: 8.000 €	8.000
Fondos de inversión: 5.000 €	5.000
Acciones en empresas: 5.000 €	5.000
Fondo de emergencia: 6.000 €	6.000
Liquidez: 4.000 €	4.000
Total activo	259.000

Pasivo	Valor pasivo (euros)
Deudas a largo plazo	
Hipoteca vivienda: 120.000 €	120.000
Deudas a corto plazo	
Préstamo vehículo: 15.000 €	15.000
Total pasivo	135.000

Patrimonio neto	124.000

Tabla 1. Balance patrimonial

Una vez tomes conciencia de tu situación, toca ponerse manos a la obra, teniendo muy presente que encarrilar nuestra economía doméstica no solo comporta recortes para generar ahorro y posteriormente rentabilizarlo, sino también aumentar, siempre que sea posible, nuestros ingresos. En este sentido, para concienciar sobre la importancia de planificar este aspecto, Jordi Martínez, director de educación financiera en el Instituto de Estudios Financieros (IEF), y Vicenç Yll, pedagogo y experto en dinámicas de aprendizaje, imparten talleres de *wellness* financiero, en los que inciden en un error que a menudo cometemos: tomar decisiones de dinero sin tener en cuenta si nos acercan o nos alejan de aquello que realmente queremos en la vida.

Esto ocurre sobre todo en las primeras etapas vitales, pues cuando somos jóvenes vemos el futuro muy lejano y nos preocupa poco planificar financieramente, por ejemplo, para la jubilación. Pero a medida que va pasando el tiempo nos da la sensación de que tenemos menos margen de maniobra. Si ya has llegado al ecuador de tu vida, quizás hayas tenido este pensamiento. La buena noticia es que todavía estás a tiempo de enderezar tu situación económica, sea la que sea. Porque sí, existen vías para hacer borrón y cuenta nueva. Pero antes es recomendable tener muy claro hacia dónde queremos ir. "Vivimos en una sociedad de hiperconsumo donde se relaciona el éxito con el poder consumir mucho. Y no nos paramos a pensar si lo que estamos consumiendo es necesario o nos satisface realmente", nos recuerda Yll. El descontrol en el gasto y la falta de planificación provocan que anhelos vitales como comprar un apartamento en la playa o disponer de más tiempo para nuestras aficiones queden cada vez más lejos de nuestro alcance. No hay mejor manera de ilustrarlo que a través del siguiente ejemplo que Martínez e Yll nos explicaron en el podcast

María es una joven de 27 años que vive compartiendo piso en una gran ciudad. Hace unos años soñaba con vivir en una casita con jardín, pero su situación económica va relegando aquella idea. Ahora solo se conforma con poder alquilar un piso para poder vivir ella sola. ¿Planes de futuro? Le gustaría comprar una autocaravana para viajar a su aire. A estos anhelos vitales van ligados unos objetivos financieros. Así que, a corto plazo, María tendrá que ordenar sus finanzas para conseguir ahorrar para la fianza del piso, y, a medio plazo, ahorrar en los próximos cinco años para comprar la autocaravana.

Tras concretar estos dos objetivos financieros, el siguiente paso será hacer un presupuesto.

Para poder alquilar un piso y comprar una autocaravana en cinco años, María tendrá que poner el foco en sus ingresos, de 1.600 euros al mes, y en sus gastos, sobre todo en aquellos que no son necesarios para vivir. De suprimir estos últimos, podría ahorrar unos 400 euros al mes. ¿Pero es aconsejable llevar una vida tan espartana para cumplir nuestras metas financieras? "Depende en qué punto estés", responde Yll, a la vez que reconoce que "el bienestar financiero consiste en convivir con que a veces hay algunos gastos no necesarios que te dan mucha felicidad". Estos nos lleva a una conclusión lógica: a la hora de recortar, comienza por lo que menos te gusta.

A menudo surge otro problema al planificar nuestra ruta financiera: no saber qué buscamos realmente en la vida. Si este es tu caso, existen herramientas que pueden ayudarte a descubrirlo. Una de ellas consiste en visualizar cómo será tu vida cuando te jubiles a través de una serie de preguntas (dónde vivirás, con quién, si tendrás coche o casa propia...). A partir de aquí, se trata de ir retrocediendo en el tiempo con saltos de cinco o diez años, dependiendo de la edad, con el fin de visualizar qué quieres conseguir en cada etapa hasta llegar a tu situación actual. Este ejercicio, que es recomendable hacerlo una vez al año, pues los objetivos pueden cambiar con el tiempo, puede ser muy útil para organizar la economía personal con visión de futuro.

"Qué enseñan los ricos a sus hijos sobre el dinero", *Bolsillo,* episodio 3.

"Teodor de Mas: 'Para ser rico, vivo de alquiler y sin dinero en la cuenta corriente'", *Bolsillo,* episodio 34.

"Raimon Samsó: 'Nunca ganarás con lo que te ofrezca un banco'", *Bolsillo,* episodio 41.

"Vicenç Yll y Jordi Martínez: 'Quédate solo con los gastos que te dan bienestar'", *Bolsillo,* episodio 55.

2. El peor enemigo de tu bolsillo

"Los ricos cuidan mucho de gestionar sus valores e inversiones, mientras que los menos acomodados se endeudan comprando coches y televisores que no necesitan realmente", Yuval Noah Harari

En los años anteriores a la crisis, miles de ciudadanos españoles se endeudaron simplemente para hacer lo que otros hacían: comprar pisos. Hoy en día, esta misma conducta nos lleva a menudo a endeudarnos para lucir un gran coche, aunque a duras penas quepa en nuestra plaza de parking, o comprarnos el último modelo de iPhone para no ser menos que los amigos o compañeros de trabajo que presumen de artilugios tecnológicos de última generación. También es muy probable que, a la hora de darnos estos caprichos, lo hagamos a través de un préstamo al consumo, pese a que esta decisión financiera comprometa parte de nuestro sueldo durante varios meses o años. A esto se suma que, cuando lo hayamos acabado de pagar, aquel coche o móvil que tanta ilusión nos hizo estrenar hace tres años, hoy en día seguramente haya perdido buena parte de su valor al ser superado por otro producto más nuevo y fardón.

La neurociencia llama a este comportamiento "efecto manada", la tendencia que tienen algunas especies de animales a copiar la manera de proceder de otros congéneres. Una conducta que se encuentra grabada a fuego en nuestro ADN, pues su origen se remonta a la época en la que nuestros antepasados corrían detrás del líder para escapar de un depredador o de un peligro inminente. Los que actuaban de esta manera tenían más posibilidades de sobrevivir que aquellos que optaban por luchar. Sin embargo, hoy en día, dejarnos llevar por este impulso puede tener consecuencias nefastas en nuestras decisiones de compra y de inversión.

Por ello, saber identificar este y otros sesgos cognitivos que influyen en nuestro comportamiento financiero es una herramienta clave para adoptar decisiones más beneficiosas para nuestra cuenta corriente. De ahí, la relevancia de interiorizar mecanismos que nos ayuden a escapar de la tendencia social al consumismo desenfrenado y la ostentación como modus vivendi, sobre todo cuando no tenemos suficiente dinero para permitírnoslo. Además, poner en práctica estas técnicas puede ahorrarnos miles de euros a lo largo de la vida y, lo que es más importante, reducir nuestro riesgo al sobreendeudamiento, el principal enemigo de las economías domésticas.

Reconozco que en este ámbito intentar ir en contra de la corriente podría verse como un estilo de vida antisistema. Y en cierto modo lo es, pues en el mundo actual, en el que se persigue la creación de riqueza a base de crecimiento y expansión, la disminución del consumo provoca el efecto contrario al deseado. Sin embargo, para los hogares que viven a un sueldo de la quiebra, no hay otra salida que la de limitar al máximo el consumo discrecional o conseguir aumentar sus ingresos, o ambas cosas a la vez. De lo contrario, la fina línea que separa vivir al día de acabar en la lista de morosos puede borrarse.

Técnicas para evitar el consumo irresponsable
Si te encuentras en la tesitura de que te cuesta ahorrar y acabas los meses con la cuenta corriente prácticamente vacía, no te quedará más remedio que comenzar a recortar. Siento decepcionarte, pero en la buena gestión de la economía doméstica no hay recetas mágicas. Lo primero que deberás hacer es confeccionar un presupuesto detallando todos tus ingresos y gastos mensuales. Puede que sea un trabajo arduo, pero es la única manera de tomar consciencia de hacia dónde se está yendo nuestro dinero y por qué nunca sobra.

Para ello, resultará imprescindible hacer una radiografía de nuestros gastos, anotando todos los que son necesarios –como hipoteca o alquiler, suministros, seguros, productos de limpieza e higiene, ropa necesaria, así como alimentación, transporte y, si tienes hijos, gasto escolar– y los que son discrecionales –como la cuota del gimnasio, suscripciones, regalos de cumpleaños, viajes de placer y otras actividades lúdicas–. El siguiente ejercicio será ajustar el gasto al porcentaje máximo de nuestro salario que debemos dedicar al desembolso de cada tipología –necesarios y discrecionales–, teniendo siempre presente que a los primeros habría que destinar como mucho un 50% del sueldo; a los segundos, un 30%, y el resto, a ahorro e inversión.

La regla 50/30/20 será el marco para comenzar a poner orden en nuestras finanzas, puesto que cada vez que tengamos el impulso de gastar en algún producto o servicio que no esté contemplado en el presupuesto, veremos con claridad si nos lo podemos permitir. Fácil en la teoría, complicado en la práctica, pues en la sociedad actual el ciudadano vive rodeado de influencias y mensajes que le encaminan hacia un único destino: consumir. La consecuencia, tal como apunta el experto en finanzas personales Dave Ramsey, es que "un 90% de la gente en nuestra cultura compra cosas que no debería darse el lujo de tener".

Para evitarlo, es fundamental acostumbrarse a pagar al contado y no caer en la tentación de financiar las cosas que no son estrictamente necesarias, poniendo toda nuestra voluntad en conseguir que nuestro lado racional tome las riendas de nuestras decisiones financieras. "Estamos acostumbrados a gestionar nuestro dinero de una manera muy emocional. Las grandes marcas y profesionales del marketing lo saben y utilizan a diario distintas técnicas de persuasión para que caigamos. Si no tenemos un plan trazado detrás, es más fácil que nos dejemos llevar, pues lo queremos todo inmediato. Mientras que nuestros abuelos no compraban una nevera o una tele hasta que no generaban el suficiente ahorro, ahora se compra sin ninguna planificación, a golpe de clic o con una tarjeta de crédito, lo que puede dar lugar a situaciones dramáticas", reflexiona el *coach* financiero Rafael Ferrer.

Tomando como referencia el ejemplo de María, que cuenta con unos ingresos netos mensuales de 1.600 euros, no debería destinar más de 480 euros al consumo discrecional, en el que se incluyen las actividades de ocio y artículos que no son estrictamente necesarios. Sobrepasar este límite comprometería la partida que debería dedicar a ahorrar y, en el peor de los casos, el pago de servicios y productos que sí son imprescindibles para su bienestar vital.

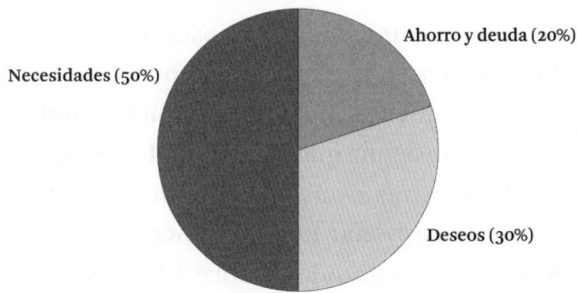

Necesidades (50%)

Ahorro y deuda (20%)

Deseos (30%)

Gráfico 1. Cómo elaborar un presupuesto con la regla 50/30/20

Pero más allá de la regla 50/30/20, existen varias técnicas que pueden ayudarnos a evitar el sobreendeudamiento. Una de mis favoritas es *la lista de deseos*, que consiste en posponer el impulso de adquirir un producto o servicio que nos ha gustado y que no está contemplado en nuestro presupuesto. ¿Cómo? Pues evitando su compra inmediata, aunque anotando el nombre del objeto de deseo en una libreta física o blog de notas digital haciendo constar la fecha en la que lo hemos visto, el precio y el lugar. Al cabo de una semana como mínimo, podemos repasar todos los productos de la lista para reflexionar si realmente los queremos o el interés que despertaron en nosotros era transitorio. Para ello, puede ser de utilidad hacernos las siguientes preguntas: ¿puedo permitírmelo?, ¿qué uso le voy a dar?, ¿poseer este objeto mejorará en algo mi vida? En el caso de que todas las respuestas sean positivas, recomiendo comparar precios del mismo producto en varios comercios y ver si existen opciones con las mismas o similares prestaciones que son más económicos. La técnica de la lista de deseos y su validación posterior nos permitirá realizar compras de manera racional y entrenar a nuestra mente para posponer la gratificación instantánea de las compras por impulso.

Por último, aconsejo poner en práctica un ejercicio que nos puede ayudar a discernir entre los bienes que acaban sumando a nuestra calidad de vida y los que solo restan a nuestra cuenta corriente. Esta técnica consiste en anotar en una libreta antes de acostarnos los momentos que más nos han gustado del día. Solo los buenos. Y al cabo de un mes analizar la naturaleza de aquello que más nos ha llenado. Te sorprenderá que la mayoría de cosas nada tienen que ver con lo material.

Deuda mala, deuda buena

La situación financiera de las familias españolas ha mejorado de manera notable en la última década. Si en el 2007, un año antes de que estallara la crisis del 2008, la tasa de endeudamiento era de un 134% sobre la renta bruta, este porcentaje se había reducido a finales del 2023 a un 74%, el nivel más bajo desde principios del milenio. Teniendo en cuenta estos datos, se puede concluir que los hogares españoles en general han aprendido la lección de lo dañino que es vivir por encima de sus posibilidades.

Aun así, sigue persistiendo el peligro del endeudamiento, sobre todo por el difícil acceso a la vivienda, lo que lleva a que los ciudadanos de siete capitales de provincia, entre las que se encuentran Madrid y Barcelona, deban dedicar más de un 40% de sus ingresos a pagar hipoteca y otras deudas, según un informe de Atlas Insight Assets Management. A esto se suma que el saldo vivo de los créditos al consumo alcanzó en el 2024 la cifra más elevada en los últimos quince años, al rebasar los 100.000 millones. Pese a ello, el nivel de endeudamiento de la sociedad española está lejos de las cotas alcanzadas en otros lugares del mundo, como Estados Unidos, donde cada hogar debe de media alrededor de 6.500 dólares en tarjetas de crédito, cuantía que año tras año ha ido en aumento.

La mejor manera de evitar tirar de deuda para pagos tan habituales como la compra del súper, ropa necesaria o el material escolar de nuestros hijos es controlar de manera exhaustiva las cuentas domésticas. Para ello, hay que tener claro que las obligaciones financieras nunca deben representar más de un 35% de los ingresos regulares mensuales de un hogar. De sobrepasar este porcentaje, estaremos en serio riesgo de impago, pues cualquier imprevisto nos impedirá hacer frente al pago de la hipoteca y otros préstamos. Y si esto ocurre, lo más probable es que acabemos figurando en un fichero de morosos, lo cual nos imposibilitará conseguir más crédito en el futuro o arrendar una vivienda.

El indicador de sobreendeudamiento, que mide la capacidad de una persona o familia para ir devolviendo sus deudas, se calcula con la siguiente fórmula:

Endeudamiento:

$$\frac{\text{hipoteca} + \text{otros préstamos} = 900 \text{ euros}}{\text{Ingresos regulares} = 2.589 \text{ euros}} \times 100 = 34,7\%$$

Otro indicador de salud financiera es el de solvencia, que representa la relación entre el valor de las propiedades de un hogar (sus activos) y las deudas contraídas (sus pasivos). Se calcula aplicando la siguiente fórmula:

$$\frac{\text{Activo total}}{\text{Pasivo total}} > 1,5$$

Un indicador de solvencia aceptable nunca debería ser inferior a 1,5. Hay que tener en cuenta, además, que la cifra resultante tendría que ir en aumento con la edad por tal de llegar a la jubilación libres de deudas y con un buen patrimonio para disfrutar de esta etapa de la vida sin quebraderos económicos.

Sin embargo, no se trata de demonizar la deuda, ya que esta puede ser una palanca muy útil para generar riqueza, aunque hay que aprender primero a diferenciar entre deuda buena y deuda mala. No es lo mismo pedir una hipoteca para comprar una vivienda que un préstamo para financiar un yate para salir a navegar los fines de semana. En el primer caso, estarás contrayendo una deuda buena, ya que el dinero que destinarás a las cuotas hipotecarias servirá para comprar la propiedad de tu casa, un tipo de bien cuyo valor históricamente se mantiene con el tiempo o sube, por lo que si en el futuro la acabas vendiendo, recuperarás muy probablemente lo invertido. En el segundo caso, al igual que ocurre con otros bienes materiales –como coches, teléfonos o televisores–, el activo se devaluará por completo con el paso del tiempo. Estarás, por tanto, contrayendo una deuda mala.

Sin embargo, hay excepciones a la regla. Imagínate que eres un autónomo que te dedicas a pasear a turistas con su yate los fines de semana por la costa mediterránea, actividad con la que consigues suculentos ingresos que te permiten costear las cuotas de la embarcación que has adquirido a plazos, pagar los impuestos pertinentes, el combustible y, además, obtener un beneficio. En este caso, la deuda de comprar el yate se consideraría buena, como también lo sería adquirir un smartphone si te aportara más eficiencia para trabajar o costear la matrícula de un máster que mejore tu empleabilidad y habilidades profesionales. La diferencia, por tanto, entre deuda buena y deuda mala radica en si a la larga aquello a lo que estamos destinando nuestro dinero nos reportará algún rendimiento económico o, por el contrario, lastrará nuestra capacidad de invertir en activos que ayuden a impulsar nuestro patrimonio.

Saber aplicar esta lógica con mayor o menor acierto es un arte, sostiene el escritor y economista Fernando Trías de Bes en un artículo en *La Vanguardia* (18/VII/2024). Y es un arte, argumenta, "porque quien toma prestado y asume un coste de financiación se está encomendando a sí mismo una misión: ser mejor, estar mejor, prosperar, crecer, medrar gracias a esa ayuda financiera". No hay mejor manera de explicar para qué debería servir el dinero que tomamos prestado de terceros.

Cómo hacer borrón y cuenta nueva

Pero si no se han hecho bien los deberes antes de contratar un préstamo o crédito, y esta deuda acaba derivando en recibos impagados que se van acumulando, es fácil entrar en una espiral de la que es muy difícil salir. Algo de lo que ya advirtió Publio Siro, escritor de la antigua Roma, al asegurar que "las deudas son la esclavitud del hombre honrado". Cuando la situación de insolvencia de un particular es inevitable, existe la posibilidad de hacer borrón y cuenta nueva. Una tendencia que va al alza por la ley de la Segunda Oportunidad, que permite a las personas físicas liquidar las obligaciones financieras que no pueden asumir por su actividad económica o de consumo.

Este es el caso de Albert, un emprendedor que decidió junto con su socio abrir en el 2019 un bar en un barrio turístico de Barcelona. Todo iba bien hasta marzo del 2020. "Cuando llegó la covid, nos obligaron a cerrar de un día para otro. Nos quedamos sin ingresos y tuvimos que pedir un préstamo de 42.000 euros para afrontar el alquiler", relata. Este préstamo se sumó al que Albert y su socio habían pedido previamente para abrir el local, por lo que acabaron adeudando en total unos 100.000 euros, cuantía que finalmente no pudieron devolver tras echar el cierre definitivo. Pese a ello, y gracias a la ley de la Segunda Oportunidad, en un año Albert quedó liberado de las obligaciones económicas que contrajo por su negocio.

En España, la legislación contempla que aquellas personas en situación de insolvencia, es decir, que no pueden asumir su carga de deudas con sus ingresos actuales y futuros, puedan empezar de cero. Para ello, deben cumplir determinados requisitos, como ser deudores de buena fe, tener más de un acreedor y no haber sido condenados con sentencia firme por un delito económico en la última década. La ley tampoco amparará a la persona que se haya endeudado de manera injustificada. No tendrá, por tanto, opción de acogerse a este procedimiento aquel consumidor que, aun a sabiendas que percibe un salario mínimo, se endeuda cada año para estrenar coche nuevo.

El procedimiento se inicia cuando el juez nombra a un administrador concursal, que irá de la mano del abogado del cliente para su tramitación. Tras hacer una valoración de activos y pasivos, el administrador concursal concretará la cuantía de la deuda que no podrá satisfacerse. Así, si el pasivo asciende a 150.000 euros y se cuenta con activos por valor de 100.000, el importe a exonerar será de 50.000 euros. Sin embargo, en el proceso de liquidación, la ley permite salvar, bajo ciertas condiciones, la vivienda habitual y los bienes que sean necesarios para la actividad económica. "Cuando un autónomo o empresario cierra un negocio es un perjuicio para todos porque tiene trabajadores, proveedores... Entonces, la ley pretende que, si sigue con actividad, estos bienes afectos –como coches y naves industriales– se puedan excluir", dilucida el abogado, mediador y administrador concursal David Andrés Valencia. El resto de bienes, deberán liquidarse para pagar a los acreedores. Las deudas que no lleguen a ser pagadas con esta liquidación, son las que podrán ser exoneradas.

Pero no siempre es posible el perdón de todas las deudas. Pensiones alimenticias a hijos, indemnizaciones, multas por condenas en procesos judiciales, así como importes debidos a acreedores públicos entran dentro de la excepción, aunque la normativa sí permite cancelar, hasta cierto límite, las deudas pendientes con Hacienda y con la Seguridad Social.

Pese a ello, y aunque existan mecanismos legales para empezar de cero, siempre es aconsejable asesorarse bien antes de contraer una deuda, pues, como nos recuerda David Andrés Valencia, "hay fórmulas legales de poder limitar" esta responsabilidad, por lo que "no se trata solo de buscar la mejor financiación, sino la que te vincule menos en un futuro". Y recuerda: piénsalo dos veces antes de pedir un crédito o préstamo, porque como dijo el escritor e historiador Thomas Carlyle "solo hay dos medios de pagar las deudas: por el trabajo y por el ahorro".

"Cómo salir del círculo vicioso de la deuda", *Bolsillo*, episodio 1.

"Siete errores que te hacen perder dinero cada día", *Bolsillo*, episodio 8.

"Cómo eliminar una deuda impagable", *Bolsillo*, episodio 44.

"Los tres malos hábitos que se comen tu ahorro cada mes", *Bolsillo*, episodio 68.

2. El peor enemigo de tu bolsillo

3. La principal fuente de riqueza

"El camino hacia la riqueza depende fundamentalmente de dos palabras: trabajo y ahorro", Benjamin Franklin

En un sistema que nos empuja a diario a consumir productos y servicios para satisfacer necesidades socialmente impuestas, el hábito de guardar una parte de los ingresos para gastos futuros o simplemente hacer crecer el patrimonio se ha convertido casi en una utopía. Hay otras causas que explican la dificultad para ahorrar que tienen muchos hogares, como los elevados precios de la vivienda en las principales ciudades españolas, percibir un sueldo bajo o partir de una situación personal desfavorable. Ciertamente, no todo el mundo tiene las mismas oportunidades de generar riqueza, pero sí existen herramientas y conocimientos que pueden ayudar a cualquier familia a mejorar sus finanzas, aunque la única llave que abre la puerta hacia la prosperidad económica es la del ahorro.

Cultivar este hábito requiere esfuerzo, conciencia y planificación para determinar qué parte de nuestro dinero
irá destinado a engrosar la cuenta bancaria. Teniendo en
cuenta la regla 50/30/20 que se ha explicado anteriormente,
lo ideal sería dedicar un 20% a este fin, aunque dependerá de la capacidad económica de cada hogar. Lo realmente
importante es asignar un porcentaje o cantidad fija al ahorro mensual y no caer en tentaciones que nos hagan acabar
gastándolo. Ser metódico en este aspecto no solo marcará
la diferencia al final de nuestra vida, sino también nos ayudará a dormir a pierna suelta cada noche.

Así que basta de buscar excusas para justificar que acabamos los meses en números rojos. Los datos indican que
cuanto peor, mejor para el ahorro. Porque es en las crisis
económicas cuando la población más practica este hábito, impulsado por el miedo y la incertidumbre. Durante la
Gran Recesión (2008 -2013) la tasa de ahorro de los hogares
españoles creció de un 1,3% a un 11,6%, a pesar de la importante caída de los ingresos que tuvieron que afrontar las
familias. Inercia que se repitió con la pandemia, debido en
parte a las restricciones para consumir, si bien el ahorro de
los españoles ha seguido alcanzando desde entonces cifras
récord. Con esto no quiero decir que las crisis sean beneficiosas, aunque sí contribuyen a crear conciencia sobre la

necesidad de ser cautos y aprender a guardar para garantizarnos el bienestar del futuro.

Para qué ahorramos

Sin embargo, la percepción de cuáles serán a corto, medio
y largo plazo los objetivos financieros cambia con el transcurso de los años, como también lo hace nuestra capacidad
económica. La receta del éxito pasa por anticiparse a las
distintas etapas vitales a través de la planificación. Lo cierto es, no obstante, que la gran mayoría ve la siguiente etapa
tan lejos que apenas es capaz de visualizar cómo le gustaría
que fuese su vida a diez o veinte años vista. Y hasta cierto
punto tiene lógica, ya que es difícil prever qué ocurrirá mañana. Admito que el impulso de dejarse llevar por el carpe
diem en el terreno financiero puede ser seductor, pero hacerlo y fundirnos todo lo que ingresamos nos conducirá sin
lugar a dudas a una vida de estrés y precariedad.

La primera pregunta que debes plantearte a la hora de
trazar tu plan financiero es: ¿para qué quiero ahorrar? La
primera respuesta que a la mayoría se le pasa por la cabeza
es "por si tengo un imprevisto". Y, en efecto, es imprescindible tener un fondo de emergencia para costear, por ejemplo, la reparación de un vehículo, un electrodoméstico o
hacer frente a la merma de ingresos que ocasiona sufrir un

problema de salud que nos obliga a estar de baja durante un tiempo. Lo ideal es que la cantidad de dinero que destines a esta partida sea suficiente para afrontar, como mínimo, entre tres y seis meses la hipoteca o el alquiler, el pago de suministros, comida y otros gastos necesarios.

Para ilustrar mejor cómo construir un fondo de emergencia desglosaré en la tabla 2 los gastos de un hogar medio, compuesto de cuatro miembros –dos adultos y sus dos hijos–.

Por lo tanto, para mantener su nivel de vida en caso de dejar de percibir ingresos durante tres meses, el hogar medio del ejemplo deberá contar con un fondo de emergencia

Gastos fijos	Importe (euros)	Gastos variables	Importe (euros)	Gastos discrecionales	Importe (euros)
Hipoteca	700	Teléfono	50	Peluquería	65
Comunidad	45	Comida	600	Restauración	250
Seguro hogar	17	Ropa	100	Cine	30
Gasto escolar	200	Luz	53	Suscripciones	20
		Gas	60		
		Agua	26		
		Gasolina	150		
Total	962	Total	1.039	Total	365
Total general	2.366				

Tabla 2. Gastos de un hogar medio, con dos adultos y dos niños

de al menos 7.098 euros, que debería estar disponible de inmediato en caso de necesidad. Hay que tener en cuenta, además, que, si se guarda en una cuenta o depósito, nunca debería hacerse en productos bancarios que apliquen penalizaciones por rescate.

Una vez completado el fondo de emergencia, será el momento de comenzar a ahorrar e invertir para otros propósitos, punto en el que habrá que trazar un plan realista que nos permita ahorrar para lograr el resultado deseado, pues no es lo mismo hacerlo para la compra de un vehículo, una caravana o una segunda residencia a un plazo de cinco años que para garantizarnos un retiro dorado. Una técnica que puede ayudarte en esta empresa es ordenar tus objetivos por su horizonte temporal como se muestra a continuación:

Objetivos a corto plazo	Colchón de emergencia
	Comprar una lavadora
Objetivos a medio plazo	Costear estudios hijos
	Cambiar el coche
	Acabar de pagar la hipoteca
Objetivos a largo plazo	Viajar a la Polinesia con toda la familia
	Jubilación

Para alinear ahorro e inversión con propósitos vitales, que deberían revisarse una vez al año, puesto que los deseos al igual que la vida son cambiantes, es preciso determinar si el porcentaje de ahorro sobre nuestros ingresos es el adecuado y si se está rentabilizando de manera diversificada y correcta. Así, mientras que cuentas corrientes o remuneradas y depósitos son una buena opción para el dinero que gastaremos a un año vista, para el medio y largo plazo lo aconsejable es elegir productos de inversión cuya rentabilidad media supere la inflación –el aumento de los precios de bienes y servicios en un periodo de tiempo– con el fin de evitar la pérdida de valor de nuestros ahorros. Una cuestión que nunca debería pasar por alto cualquier ciudadano con una mínima educación financiera. La historia nos ha demostrado que el dinero en la cuenta se devalúa muy rápido, ya que tan solo en el periodo que va del 2000 al 2023 el Índice de Precios de Consumo (IPC) subió un 74% en España. En el capítulo 4.º veremos qué opciones de inversión son las más adecuadas para cada perfil de inversor.

Técnicas de ahorro

Sin embargo, no hay que obviar que, a pesar de que la tasa de ahorro ha seguido una tendencia creciente en los últimos años, uno de cada cuatro ciudadanos asegura que llega a final de mes con el bolsillo vacío (*II Observatorio UCI sobre vivienda y sostenibilidad*, mayo 2024). Si bien hay razones sociales y económicas detrás de este porcentaje, como el bajo nivel salarial de una parte importante de la población y la carestía de la vida, estas cuestiones no son materia de este libro, por lo que voy a centrarme en lo que sí tenemos poder para cambiar de una manera inmediata: el control de nuestro gasto y, en consecuencia, la generación de ahorro. Reconozco que es fácil decirlo pero difícil llevarlo a la práctica, y no por la complejidad de la técnica, sino porque, como advierte el divulgador financiero Dave Ramsey, "ganar en el campo del dinero es 80% comportamiento y 20% conocimiento". Pese a ello, hay algunas técnicas que pueden dar un empujón a la consolidación de este hábito.

La primera de ellas, y la más ampliamente compartida por los expertos en finanzas personales, es acostumbrarse a ahorrar a principio de mes: tan pronto como llega la nómina, retirar una parte para destinarla a construir un colchón de emergencia, ahorrar o invertir. La filosofía "Págate a ti primero", que comenzó a popularizar en 1926 George Samuel Clason a través de su superventas *El hombre más rico de Babilonia*, intenta poner el foco en el ahorro y alejarnos de los impulsos consumistas que impiden que nuestro patrimonio crezca. Además, existen otros métodos, algunos de los que detallamos a continuación, que pueden ser de utilidad.

Método Kakebo

Se trata de un procedimiento desarrollado a principios del siglo XX por la periodista Hani Motoko, fundadora de la primera revista femenina en Japón. El primer paso consiste en anotar cada mes en una libreta ingresos, gastos fijos y variables. Existen libros específicos y aplicaciones para poner en práctica el método Kakebo (libro de cuentas, en japonés) con mayor facilidad, pues cada semana debe revisarse el diario para analizar los hábitos de consumo y ver cuán lejos o cerca estamos de alcanzar el objetivo deseado. La clave del éxito de esta metodología radica en analizar hacia dónde se va el gasto superfluo y en qué áreas es posible recortar.

Método de las 52 semanas

Consiste en ahorrar todas las semanas una cantidad que va aumentando de manera gradual, aunque también es posible hacerlo a la inversa: comenzar por una cuantía mayor e ir reduciéndola poco a poco. Este método puede ser muy efectivo para conseguir un fondo de emergencia o ahorrar para un objetivo concreto, por ejemplo, para costear, total o parcialmente, las vacaciones de verano. En la versión más

Semana	Ahorro semanal	Acumulado	Semana	Ahorro semanal	Acumulado
1.ª	1€	1€	28.ª	28€	406€
2.ª	2€	3€	29.ª	29€	435€
3.ª	3€	6€	30.ª	30€	465€
4.ª	4€	10€	31.ª	31€	496€
5.ª	5€	15€	32.ª	32€	528€
6.ª	6€	21€	33.ª	33€	561€
7.ª	7€	28€	34.ª	34€	595€
8.ª	8€	36€	35.ª	35€	630€
9.ª	9€	45€	36.ª	36€	666€
10.ª	10€	55€	37.ª	37€	703€
11.ª	11€	66€	38.ª	38€	741€
12.ª	12€	78€	39.ª	39€	780€
13.ª	13€	91€	40.ª	40€	820€
14.ª	14€	105€	41.ª	41€	861€
15.ª	15€	120€	42.ª	42€	903€
16.ª	16€	136€	43.ª	43€	946€
17.ª	17€	153€	44.ª	44€	990€
18.ª	18€	171€	45.ª	45€	1035€
19.ª	19€	190€	46.ª	46€	1081€
20.ª	20€	210€	47.ª	47€	1.128€
21.ª	21€	231€	48.ª	48€	1.176€
22.ª	22€	253€	49.ª	49€	1.225€
23.ª	23€	276€	50.ª	50€	1.275€
24.ª	24€	300€	51.ª	51€	1.326€
25.ª	25€	325€	52.ª	52€	1.378€
26.ª	26€	351€	**Total acumulado**		1.378€
27.ª	27€	378€			

Tabla 3. Método de las 52 semanas

3. La principal fuente de riqueza

popular se empieza ahorrando un euro en la primera semana del año; dos euros, en la segunda; tres euros, en la tercera, y así de manera sucesiva hasta la última semana, cuando deben retirarse para este objetivo 52 euros. Al finalizar el año, el ahorro acumulado será de 1.378 euros (tabla 3). El método puede ajustarse a la realidad económica de cada hogar y a otros objetivos de ahorro, por lo que es posible comenzar ahorrando, por ejemplo, en cantidades pares de euros o en múltiplos de tres.

Una versión más fácil de aplicar en los hogares con bajos ingresos, que deben hacer encajes de bolillos para llegar a fin de mes, es poner en práctica el método con monedas de céntimo, aunque en este caso el ahorro será diario en vez de semanal. Así, la primera aportación a la hucha será de 1 céntimo; la segunda, de 2 céntimos; la tercera, de 3 céntimos, y así sucesivamente hasta llegar a los 3,65 euros que se meterán el último día del año. Si se cumple a rajatabla esta regla, en la hucha debería haber al llegar al día 365 la nada desdeñable suma de 668 euros. Y si se comienza con 2 céntimos, se habrán ahorrado 1.336 euros en un año.

Método de la moneda o billete

Hay otros sistemas con gran potencial para despertar la motivación entre los ahorradores aficionados a los retos.

Se trata del método de la moneda o billete, que se pone en práctica eligiendo la moneda que se quiera –de un euro, dos euros o incluso 20 céntimos–, y cada vez que aparezca entre el cambio de la compra, la guardamos en un bote y no la usamos hasta lograr llenarlo. En el caso que el reto se lleve a cabo con monedas de dos euros, hay un aliciente más. Y es que existen muchos coleccionistas de estas monedas, sobre todo de ediciones limitadas y conmemorativas, que pueden alcanzar un valor muy superior a dos euros, por lo que si, por ejemplo, te encuentras entre la calderilla una moneda de Mónaco del 2007 que rinde homenaje a Grace Kelly, no la dejes escapar: ¡pueden darte por ella varios miles de euros!

Método de los sobres

Para ponerlo en práctica, primero deberás hacer un presupuesto mensual especificando todos tus gastos –fijos, variables y discrecionales–, sin olvidar el ahorro. A principios de cada mes, divide tus ingresos en diversos sobres, uno para cada concepto. Por ejemplo, si cada mes destinas 600 euros en alimentación, guarda esa cantidad en un sobre e intenta distribuirla a lo largo de las semanas con el fin de no desembolsar ni un euro más de la cuenta. La misma metodología puede aplicarse a las salidas al cine o a las comidas en restaurantes, el dinero que dedicas a enseres personales y otras partidas del presupuesto que no estén domiciliadas. Este método es una buena manera de controlar el dispendio, al tiempo que limita el uso de tarjetas, las cuales, según las evidencias, anestesian el dolor psicológico que produce el derroche, lo que nos hace propensos a gastar más de la cuenta.

Superahorro: estrategias de compra y aprovechamiento
El aumento récord del precio de los alimentos en el último lustro ha convertido la compra del súper en un lujo para muchas familias con dificultades económicas, puesto que el gasto medio por hogar en alimentación ha aumentado más de un 30% desde el 2019. Los cuellos de botella en las cadenas de suministro durante la pandemia, el fuerte encarecimiento de la energía que precedió al estallido de la guerra de Ucrania y el aumento de los costes de producción agrarios son los principales factores que empujaron al alza el ticket de compra medio, por encima de los 35 euros. En este contexto, se impone la confección de una lista de la compra *inteligente* gracias a la adopción de hábitos y trucos que ayuden a amortiguar el golpe de la inflación.

Forzarse a tirar de despensa
Antes de confeccionar la lista de la compra, recurrir a la despensa ayudará a ahorrar en la visita al súper. Una técni-

ca que puede ser de utilidad en este sentido es evitar gastar en artículos que no sean esenciales durante unos días. Este "ayuno financiero", explica la fundadora y directora ejecutiva de Ahorradoras.com, Mapi Amela, forzará al consumidor a plantearse frente a una compra "si de verdad es necesaria o no", así como a echar mano de productos que hay en la despensa o en la nevera a los que no se daba uso y que, de lo contrario, "quizás se terminarían caducando".

Planificar menús

Una vez establecido un presupuesto mensual, será básico planificar todas las comidas de la semana teniendo en cuenta ciertos hábitos que permiten optimizar los alimentos que se adquieren. "Por ejemplo, si vas a hacer puré, puedes guardar el agua de hervir las verduras y aprovecharla para hacer una sopa. De esta forma, siguiendo el menú que tenías planificado, evitarás el desperdicio alimentario, además de ahorrar energía", detalla Amela.

Otra recomendación es aprender a despiezar, trocear y cortar a lonchas alimentos "porque el lujo de comprarlo ya preparado (salvo que seáis pocos en casa y la diferencia a la larga sea poca) hace que el producto se encarezca". Esto ocurre, por ejemplo, con pollo, jamón y salmón. También aconseja eliminar precocinados de una sola ración, ya que "con el mismo precio muchas veces se puede cocinar para cuatro personas", además de añadir a la lista de la compra productos de temporada, que suelen ser más económicos que los productos no estacionales, puesto que son más abundantes y menos costosos de producir.

Evitar las visitas al súper varias veces por semana

Otro hábito que puede favorecer el bolsillo y no salirse del presupuesto mensual es pisar el supermercado solo una vez a la semana o una vez cada quince días. La improvisación en los menús propiciará la necesidad urgente de comprar ciertos productos y pagar lo que sea para conseguirlos en el sitio más cercano de casa. Otra costumbre que contribuirá a mantener a raya la compra por capricho es visitar el súper con el estómago lleno. En mi casa, por ejemplo, solemos hacerla el sábado después de comer, que es, además, cuando los supermercados hacen sus mejores ofertas en productos perecederos porque la mayoría de estos establecimientos no abre el domingo. También será necesario informarse y rastrear los establecimientos con mejores precios para hacer la compra. Algunos supermercados ofrecen precios más bajos en productos perecederos, mientras que otros tienen ofertas más económicas en productos de limpieza. En este sentido, puede ser útil consultar los rankings de los supermercados más asequibles que elaboran a menudo las organizaciones de consumidores.

Cuidado con las ofertas

Comparar precios puede marcar la diferencia en nuestra cuenta corriente, así como tener claras ciertas estrategias de marketing para incentivar las ventas de determinados artículos y evitar caer en ellas. Por este motivo, Amela recomienda fijar la atención en los productos que están situados en los estantes inferiores y superiores, "ya que los supermercados, como negocios que son, suelen ubicar a la altura de los ojos del consumidor los productos con los que consiguen más margen de beneficio". A este consejo se suman otros recursos habituales para ahorrar dinero en el súper, como escoger marcas blancas, usar cupones de descuento y tarjetas de fidelización para acumular puntos (y dinero para futuras compras), así como recurrir a los "pruébalo gratis" –muestras gratuitas de productos–. "Si sumamos todos estos recursos, hemos comprobado que se puede llegar a ahorrar más de 100 euros al mes, lo que al final del año son 1.200 euros", asegura la experta en ahorro en el podcast *Bolsillo*. Esto demuestra que, incorporando ciertos hábitos para economizar, la diferencia a la larga es abismal.

3. La principal fuente de riqueza

Sin embargo, resulta también prudente agregar otra precaución: no caigas en la tentación de comprar un producto por el simple hecho de que tenga descuento o esté rebajado. En este sentido, no hay que obviar que las tarjetas de fidelización, las promociones como las del *black friday* y las rebajas tienen como único objetivo incentivar el consumo.

Leer la letra pequeña y comparar entre productos

Otro aspecto clave para ahorrar es prestar atención a la cantidad de producto que se especifica en cada envase y comparar entre varias marcas. Calcular el precio por cada litro o kilo –los productos deben mostrar también el precio por unidad de medida– es una buena manera de conseguir que la compra del súper acabe cundiendo a final de mes. La adopción de este hábito entre los consumidores es más fuerte en épocas de inflación, cuando muchos fabricantes aplican lo que se conoce como *reduflación*, que consiste en disminuir el contenido del producto en los envases en lugar de aumentar el precio de venta, de forma que el consumidor pasa a recibir menos por el mismo precio.

Más allá de la cesta de la compra y evitar el consumo poco reflexivo, existe un ahorro recurrente y que perdura en el tiempo, que es el que más cunde. Se trata del que se puede lograr cada año buscando ofertas más económicas o renegociando los contratos de suministros, seguros y telefonía. "La gente que lo maximiza consigue ahorros muy interesantes que no implican privación", reflexiona la ingeniera y escritora Natalia de Santiago, al tiempo que nos recuerda que el ahorro es una herramienta financiera que los ricos y las empresas también utilizan. "Lo que pasa es que le ponen nombres más sexis: gestión del *cashflow* o de la tesorería... nombres más apetecibles, que no suenen tan deprimentes. Pero ahorrar es una herramienta para repartir el dinero en el tiempo", prosigue, y de hecho es "la única fuente de riqueza", porque es el paso previo a la inversión.

"Natalia de Santiago: 'El ahorro no es privación, es la única fuente de riqueza'", *Bolsillo*, episodio 59.

"Compras antiinflación: fórmulas para ahorrar más de 1.200 euros al año", *Bolsillo*, episodio 27.

"Luis Pita: 'Si te quita el sueño invertir, preahorra'", *Bolsillo*, episodio 70.

4. Impulsar el ahorro

"Invertir con éxito se trata de gestionar riesgo, no de evitarlo", Benjamin Graham

Si el ahorro es la única fuente de riqueza, la mejor palanca para impulsarlo es sin duda la inversión, ya que esta permite obtener un beneficio o rendimiento futuro a cambio de aceptar cierto nivel de riesgo sobre el capital confiado a una entidad, empresa o fondo. La alternativa es mantenerlo en una cuenta corriente o, en el mejor de los casos, en un depósito a plazo, producto que desde la crisis del 2008 ofrece una baja o nula remuneración. Esta situación afecta especialmente al ahorrador conservador.

Para ilustrar cómo la inflación erosiona nuestro poder adquisitivo, imagina que hace 15 años, tras recibir 13.000 euros como herencia, decidiste guardar esa suma en una cuenta corriente por temor a los efectos de la crisis financiera, aunque tu ilusión era comprar un Seat Ibiza nuevo que en el 2010 costaba la cantidad heredada. En el 2025, ya con estabilidad laboral y la hipoteca medio pagada, retomas ese viejo plan, pero descubres que con los 13.000 euros solo puedes adquirir un coche de segunda mano con más de 80.000 kilómetros. El dinero se ha devaluado un tercio.

Otra conclusión que podrías sacar de esta experiencia es que mantener el dinero en una cuenta o una caja fuerte también conlleva riesgos. El temor de muchos a invertir suele ser infundado y fruto del desconocimiento sobre cómo funciona el sistema económico. Si te sientes más seguro en esa posición, adelante, ya que lo más importante en finanzas es tomar decisiones que te permitan dormir tranquilo. Pero si optas por mover tus recursos para generar ingresos, a largo plazo es probable que consigas más riqueza que siguiendo una vía pasiva.

Las estadísticas oficiales, sin embargo, muestran la propensión de la población española a dejar pasar el tren inversor. Según la última Encuesta de Competencias Financieras, realizada por el Banco de España en el año 2021, menos de la mitad (un 41%) de los individuos de entre 18 y 79 años utilizaban instrumentos para rentabilizar su dinero, entre los que se incluyen cuentas de ahorro, planes de pensiones, fondos de inversión, acciones, renta fija y criptomonedas, siendo los planes de pensiones y las cuentas de ahorro los productos más habituales. Cabe destacar asimismo la gran apuesta de los españoles por las segundas residencias como valor refugio, ya que cerca de tres millones de hogares cuentan con una, por lo que no es de extrañar que el país se cuele entre los líderes europeos en este tipo de inversión.

Un traje a medida: definir la tolerancia al riesgo
La baja inclinación a sacar partido del capital convive, de manera paradójica, con la aspiración hacia la riqueza y el dinero fácil, reflejada en la gran popularidad de la que gozan las loterías, los frecuentes líos familiares que provocan las herencias y el auge, sobre todo entre los jóvenes, de la inversión en productos especulativos como las criptomonedas. Un factor que, ligado a la escasa cultura financiera, es caldo de cultivo para estafadores y oportunistas que sin ninguna formación recomiendan inversiones que muchas veces acaban siendo ruinosas.

Entre los numerosos escándalos que en los últimos tiempos han salido a la palestra destaca el ocurrido en julio del 2022, cuando miles de inversores despertaron con la noticia de que habían perdido de la noche al día sus ahorros por haber replicado los movimientos de un supuesto inversor, que ocultaba su identidad con un pseudónimo (Leviatán) y que cobraba suculentas comisiones por dejar que otros copiaran de manera automática sus posiciones –estrategia conocida en el argot inversor como *copytrading*–. Muchas de las víctimas tenían en común que eran seguidoras de un conocido influencer que había estado promocionando al *trader* en sus vídeos y que les hizo perder conjuntamente de una tacada diecisiete millones de euros.

A la tendencia de seguir modas para obtener ganancias rápidas se suman también las estafas piramidales orquestadas por organizaciones que tratan de apropiarse del dinero ajeno, pese a las advertencias de la Comisión Nacional del Mercado de Valores (CNMV) sobre la peligrosidad de confiar en chiringuitos financieros, entidades que ofrecen y prestan servicios de inversión sin estar autorizadas para hacerlo. Casos como el de Arbistar, Javier Biosca, FX Winning y Madeira Invest Club, entre otros muchos, han dejado centenares de miles de afectados que vieron sus ahorros esfumarse bajo la premisa de lograr elevadas rentabilidades en un plazo breve de tiempo. Una prueba más de que en el terreno de la inversión, la necesidad urgente de dinero o la avaricia siempre rompen el saco.

Por lo tanto, antes de invertir, es preciso que te preguntes qué riesgo estás dispuesto a correr, partiendo de la idea de que ningún producto financiero garantiza rendimientos y que, en general, a mayor rentabilidad, mayor es el riesgo. Otra regla básica que debes aplicar es que las ganancias pasadas no garantizan ganancias futuras por la sencilla razón de que los marcos legal, político, económico y monetario son cambiantes.

En todo caso, al contratar un producto de inversión, la entidad o asesor financiero siempre debe someter al cliente a los tests MiFID para definir su perfil inversor. A través de estos cuestionarios, determinará su situación financiera particular, sus objetivos y la tolerancia al riesgo, es decir, su capacidad de poder asumir pérdidas llegado el caso. Particularmente, considero crucial reflexionar sobre nuestro grado de aversión a la pérdida antes de dar el salto a la inversión y sobre cómo te has manejado en situaciones similares en el pasado. Por lo tanto, es preciso que te plantees si te sentirías cómodo con la idea de que el dinero invertido pudiera fluctuar de manera significativa y qué emoción te produciría el hecho de haber invertido 1.000 euros en un producto financiero y solo poder recuperar la mitad en el momento del rescate.

La clave para multiplicar tu ahorro
Pero sea cual sea el tipo de inversión por la que te decantes, todas tienen una cosa en común: la magia del interés

compuesto, que consiste en que los intereses generados se suman al capital inicial, monto que a su vez produce nuevos intereses en los periodos siguientes, creando un efecto multiplicador. Así, por ejemplo, si tu plan de ahorro te da un interés anual del 3% y mes a mes haces una aportación de 200 euros, al cabo de cinco años habrás conseguido un patrimonio financiero de 12.962 euros, de los que 962 euros serán intereses, dinero que has ganado sin tener que mover ni un dedo, o solo uno, el que has utilizado para programar la transferencia periódica al plan de ahorro. Evidentemente, si la rentabilidad media anual fuera del 5,5%, el montante al cabo de un lustro ascendería a 13.839 euros, de los cuales 1.839 euros serían por el pago de intereses (tabla 4, hasta 31 años).

No obstante, es recomendable asesorarse con un experto antes de tomar decisiones de inversión, sobre todo si no se tiene suficiente conocimiento sobre la materia. Además, hay que tener en cuenta que la ganancia o la pérdida resultante dependerá del tipo de activo en el que se invierta, el plazo y el riesgo, así como todos los factores que influyen en su evolución futura. Por eso, la diversificación es un ingrediente imprescindible para mitigar posibles pérdidas. Nunca pongas todos los huevos en la misma cesta. Es lo que realmente nos da seguridad al invertir.

Año	Saldo acumulado (3% anual)	Saldo acumulado (5,5% anual)	Año	Saldo acumulado (3% anual)	Saldo acumulado (5,5% anual)
1.º	2.439€	2.473€	17.º	53.271€	67.586€
2.º	4.953€	5.085€	18.º	57.331€	73.871€
3.º	7.543€	7.845€	19.º	61.514€	80.511€
4.º	10.212€	10.760€	20.º	65.825€	87.525€
5.º	12.962€	13.839€	21.º	70.266€	94.935€
6.º	15.795€	17.093€	22.º	74.843€	102.762€
7.º	18.715€	20.530€	23.º	79.558€	111.031€
8.º	21.724€	24.160€	24.º	84.418€	119.767€
9.º	24.824€	27.996€	25.º	89.425€	128.996€
10.º	28.018€	32.048€	26.º	94.584€	138.745€
11.º	31.310€	36.328€	27.º	99.900€	149.044€
12.º	34.701€	40.850€	28.º	105.378€	159.924€
13.º	38.196€	45.627€	29.º	111.023€	171.418€
14.º	41.797€	50.674€	30.º	116.839€	183.560€
15.º	45.508€	56.005€	31.º	122.832€	196.387€
16.º	49.331€	61.636€			

Tabla 4. Efectos del ahorro sistemático y del interés compuesto

La última clave para lograr multiplicar tu ahorro es... la paciencia. "De hecho, es uno de los principales retos a los que nos enfrentamos las sociedades de inversión con las nuevas generaciones, que lo quieren todo rápido y ya", comenta el director general de Desarrollo de Negocio de Cobas AM, Gonzalo Recarte, en el podcast *Bolsillo*. Porque, como suele decir el inversor estadounidense Warren Buffett, "La historia de los mercados ha demostrado que muchas veces el inversor medio prefiere empobrecerse rápidamente que hacerse rico lentamente". La riqueza la da el tiempo, la paciencia y tener estómago cuando las cosas van mal.

Invertir con tranquilidad

Y precisamente el *Oráculo de Omaha*, como también se le conoce a Buffett, ha enfatizado en diversas ocasiones la importancia de decantarse por sectores y empresas que el inversor comprenda. Una máxima extrapolable a cualquier inversión, ya que cuando sales fuera de tu círculo de conocimiento, el peligro se intensifica. Esto guarda relación directa con otro principio fundamental: no existe la inversión ideal para todo tipo de ahorrador, por lo que si no eres un experto en finanzas y dispones de pocos ahorros, abstente de meter tu dinero en productos demasiado riesgosos, de lo contrario, lo que estará asegurado será el descalabro.

Una recomendación que puede resultar de utilidad para valorar el nivel de riesgo de un producto financiero es tomar como referencia la rentabilidad que ofrece el depósito anual a plazo fijo en el momento de realizar la aportación de capital. Cuanto más pequeña sea la diferencia respecto al rendimiento del depósito, menor probabilidad habrá de perder el dinero invertido o, en el mejor de los casos, no ganar nada. Por ejemplo, en diciembre del 2024 las entidades financieras pagaban como máximo entre un 2% o un 3% TAE[1] por contratar un depósito; todos los productos financieros que ofrecían rendimientos superiores tenían algún tipo de riesgo asociado. Mientras que para plazos más largos de inversión, puedes tomar como referencia los bonos del Estado, por lo que si el tipo de interés que paga este instrumento financiero a un plazo de tres años es de un 2,3%, todo producto que ofrezca una rentabilidad superior muy probablemente implique la asunción de un riesgo mayor al de adquirir deuda pública. Si tu perfil inversor es conservador, cuando te propongas rentabilizar tu dinero siempre deberías partir de la base que nunca te conviene aceptar pérdidas, por lo que si vinieran mal dadas como máximo te quedarías como estás.

Dejando aparte los productos más conservadores del mercado, como son las cuentas remuneradas y los depósitos bancarios, existe un amplio abanico de instrumentos financieros con los que obtener rendimientos del capital

---

1. La TAE o tasa anual equivalente, a diferencia del TIN o tipo de interés que solo recoge la retribución o compensación que recibimos por depositar el dinero en un banco, tiene en cuenta los gastos y las comisiones asociados. Además, permite al consumidor comparar distintas ofertas de cuentas o depósitos, con independencia de sus condiciones particulares.

con muy poco riesgo. Este es el caso de los seguros de ahorro, como los planes de ahorro sistemático (PIAS) o seguros individuales de ahorro a largo plazo (SIALP), ofrecidos exclusivamente por el sector asegurador, que combinan el fomento del ahorro periódico a medio o largo plazo con una cobertura adicional, como la indemnización a beneficiarios en caso de fallecimiento del asegurado. Otra ventaja de estos productos son los beneficios fiscales a los que dan derecho cumpliendo con una serie de requisitos. No obstante, también hay desventajas que el tomador del seguro deberá conocer antes de estampar su rúbrica en el contrato, pues estos productos no están exentos de comisiones, penalizaciones o gastos de rescate si se retira el dinero antes del tiempo estipulado.

Los planes de pensiones, por su parte, también pueden ser aptos para un perfil de inversor conservador, aunque esto también dependerá del diseño de cada producto. Así, por ejemplo, los hay que invierten principalmente en fondos de renta fija que compran bonos gubernamentales y corporativos de alta calidad crediticia. Además de servir como instrumento de previsión para la jubilación, los planes de pensiones son ventajosos fiscalmente ya que permiten aplicar una reducción de hasta 1.500 euros en la declaración de la renta, cuantía que asciende a 8.500 si se trata de un plan de pensiones de empleo, promovido por la empresa u organización en la que trabaja el beneficiario. Sin embargo, tocará rendir cuentas con la Agencia Tributaria una vez se rescate el dinero invertido, si bien posponer la tributación de este tipo de rentas o plusvalías a la jubilación en muchos casos también conlleva un ahorro fiscal, pues los ingresos que se perciben durante esta etapa suelen decaer con relación a los que se obtenían en la etapa laboral.

Por último, cabe destacar también tres activos financieros de renta fija, que son aquellos en los que el emisor se compromete a pagar al inversor una renta o retorno periódico y, en general, devolver el capital invertido al vencimiento. En esta clasificación se incluyen, entre otros, letras, bonos y obligaciones del Tesoro. Si bien las primeras permiten rentabilizar el ahorro en un corto plazo de tiempo –a 12 meses máximo–, en el caso de los bonos y obligaciones el vencimiento es superior a los dos años. Decantarse por una u otra opción dependerá del tiempo en el que se quiera recuperar el dinero invertido, así como del riesgo inherente que tiene este producto con respecto a la evolución de los tipos de interés oficiales.

Vamos a ver a continuación cómo funciona la adquisición de bonos del Estado: a principios del 2025 inviertes

1.018 euros en la compra de un bono con un vencimiento a 5 años y un valor nominal de 1.000 euros, por el que el Estado paga un cupón de un 2,70%, lo que quiere decir que cada año percibirás 27 euros brutos de ganancia y a finales de enero del 2030 el Estado te devolverá 1.000 euros del capital inicial. Al cabo de un lustro habrás obtenido, tras pagar comisiones e IRPF, una ganancia neta de 89 euros, lo que equivale a una rentabilidad anualizada del 1,69%. Básicamente, habrás conseguido que tus ahorros se acaben devaluando, aunque no del todo, pues la inflación media de las dos últimas décadas en España se sitúa en el entorno de un 2%.

Debes tener en cuenta que en general el momento ideal de comprar bonos, tanto de empresas como gubernamentales, es cuando los tipos de interés oficiales están altos, ya que el cupón que se percibirá será mayor. Como explica Víctor Alvargonzález, consejero delegado de la *fintech* Nextep Finance y autor de *¿Y yo qué hago con mis ahorros?*, "se trata de asegurarse una buena renta durante el mayor tiempo posible". Además, si intentas vender tu bono antes del vencimiento cuando los tipos van a la baja, su precio en el mercado secundario subirá y, por lo tanto, obtendrás una mayor rentabilidad. Por el contrario, adquirir bonos en un entorno de tipos bajos y venderlos antes de su vencimiento puede generar pérdidas. De ahí la importancia de considerar la liquidez en las inversiones, ya que algunos productos no permiten el rescate anticipado sin penalizaciones o cambios significativos en su valor.

En definitiva, si tu objetivo es evitar riesgos que no estés dispuesto a asumir y en ningún caso perder dinero, lo que debes esperar de tu inversión "es superar en un 1 o 2 por ciento" lo que da un depósito, aclara el asesor financiero, pero si la rentabilidad prometida es superior "ya cabe la duda de que sea más un producto de inversión que de ahorro, y si le ofrecen mucho más y le dicen que es un producto conservador, entonces puede haber gato encerrado, o un auténtico tigre de Bengala". En el contexto actual, detalla Alvargonzález en el podcast *Bolsillo*, para obtener una ganancia superior a un 3% anual, no habrá más remedio que destinar un porcentaje de la cartera a productos de inversión menos conservadores. "Nadie se ha arruinado por tener un 10% o un 15% en renta variable", matiza. "El riesgo se puede medir, se puede establecer, pero hay que ser realista: no ganarás un 10%, un 12% o un 15% al año invirtiendo con poco riesgo".

Un resumen de los principales instrumentos para un perfil ahorrador se detalla en la tabla 5.

Instrumento financiero	Descripción	Riesgo asociado
Depósitos a plazo fijo	Contrato con un banco para inmovilizar el dinero a cambio de un interés fijo	Muy bajo
Cuentas de ahorro remuneradas	Cuentas bancarias que ofrecen intereses sobre el saldo depositado	Muy bajo
Letras del Tesoro	Deuda emitida por el Estado español a corto plazo (3, 6, 9 o 12 meses)	Muy bajo
Bonos del Estado	Deuda emitida por el Estado a medio plazo	Bajo
Fondos monetarios	Fondos de inversión que invierten en activos de renta fija a corto plazo y alta calidad crediticia	Muy bajo
Fondos de renta fija conservadora	Fondos que invierten en bonos de empresas sólidas o gobiernos con plazos de hasta 5 años	Bajo
Planes de pensiones conservadores	Vehículo de ahorro a largo plazo con beneficios fiscales, invierte en renta fija y monetarios	Bajo
Pagarés bancarios	Instrumentos de deuda emitidos por bancos a corto plazo y de compañías solventes	Bajo
Seguro de ahorro (PIAS o SIALP)	Productos que combinan ahorro con un seguro de vida o cobertura para imprevistos	Muy bajo

Tabla 5. Principales instrumentos financieros para un perfil de ahorrador o inversor conservador

Liquidez[1]	Ventajas	Ejemplo
Media (depende del plazo)	Garantía del FGD[2] hasta 100.000 €	Depósito a 12 meses con un 1,5%
Alta	Acceso inmediato al dinero	Cuenta remunerada al 0,5%
Alta	Seguridad respaldada por el Estado	Letra del Tesoro a 6 meses
Media (depende del plazo)	Seguridad respaldada por el Estado.	Bono del Estado a 3 años
Alta	Liquidez diaria en la mayoría de los casos	Fondo monetario de grandes gestoras
Media (depende del fondo)	Diversificación y gestión profesional	Fondo de renta fija europea
Baja (rescatable al jubilarse o supuestos legales)	Ventajas fiscales para diferir impuestos	Plan de pensiones renta fija
Media (depende del plazo)	Seguridad si son de bancos solventes	Pagaré a 6 meses de un banco español
Baja (rescatable tras varios años)	Garantía del capital y beneficios fiscales	Seguro de ahorro garantizado

1. Define la facilidad para acceder al dinero antes de vencimiento.
2. Fondo de Garantía de Depósitos, protege hasta 100.000 € por titular y entidad.

4. Impulsar el ahorro

"Empeñarse para invertir en criptomoneda: 'Lo perdí todo'", *Bolsillo*, episodio 21.

"Siete hábitos imprescindibles para llegar con patrimonio a los 30 años", *Bolsillo*, episodio 13.

"Lo que debes hacer con tu dinero ahora que bajan los tipos", *Bolsillo*, episodio 71.

5. Objetivo: vivir de rentas

"El dinero no puede comprar la felicidad, pero seguro que te conseguirá una mejor clase de recuerdos", Ronald Reagan

Si bien debe ser el propósito de todo ahorrador evitar que el patrimonio financiero que va acumulando se devalúe en el transcurso de los años, hay quien se propone ir un paso más allá: lograr suficientes ingresos pasivos –aquellos que no requieren de esfuerzo ni apenas tiempo– como para alcanzar la independencia financiera, es decir, que los rendimientos de los activos permitan cubrir todos, o al menos una parte, de los gastos que se necesitan para llevar el estilo de vida deseado. Las motivaciones para fijarse este propósito pueden ser de diversa índole: disponer de más tiempo libre para hacer lo que realmente nos hace felices o simplemente vivir tranquilos, sentir temor por la posibilidad de perder algún día el empleo, algo especialmente preocupante a partir de cierta edad, cuando la probabilidad de encontrar una nueva ocupación baja en picado, como demuestra el hecho de que el paro de larga duración –igual o superior a los doce meses– afecta en mayor medida al colectivo sénior.

En todo caso, conseguir que nuestro sustento vital no dependa de manera exclusiva de un salario es algo, cuando menos, tranquilizador. Más aún en un mundo en el que las personas debemos adaptarnos a gran velocidad a los grandes cambios que se avecinan, tanto en el mercado financiero como en el laboral, marcados fuertemente por las transiciones energética y tecnológica, la irrupción de la inteligencia artificial y la amenaza global que también representan los conflictos geopolíticos. Sin embargo, conseguir que las rentas procedentes de inversiones cubran una parte significativa de nuestros gastos, o incluso la totalidad de ellos, es un objetivo posible de alcanzar, como se desprende de algunos testimonios que recoge este capítulo.

De hecho, en los últimos años ha ganado gran popularidad el movimiento FIRE, las siglas de *Financial Independence, Retire Early* (Independencia Financiera, Jubilación Anticipada), nacido en la década de los noventa en Estados Unidos, coincidiendo con la publicación del libro *Your money or your life*, de Vicki Robin y Joe Dominguez, obra en la que se inspiraron muchos de los primeros seguidores de las ideas fundamentales de esta corriente en boga que promete un retiro laboral anticipado gracias a reducir de manera drástica el consumo particular, a la vez que se maximiza el ahorro y la inversión en activos que generan ingresos pasivos suficientes en aras algún día de poder vivir sin depender de un empleo. Sin embargo, la aplicación de este método dependerá de variables como el nivel salarial que se tenga, del número de miembros de la unidad familiar, así como de la ciudad en la que se resida pues la carestía de la vida en cada lugar es diferente, y de si se paga por la vivienda o no. Si bien hay ciudadanos que presumen de haberse retirado del mercado laboral a los 40 aplicando este método, es evidente que cobrando 1.500 euros al mes y con hijos a cargo es utópico pensar que hay posibilidades de retirarse antes de la edad legal de jubilación de no ser agraciados por la diosa Fortuna.

Josan Jarque asegura haberlo conseguido cuando habían pasado dieciocho años desde que se lo propuso, mediante un método que combina el ahorro con la inversión en activos que ofrecen rendimientos crecientes. No obstante, seguramente te preguntes, y con razón, si vivir de rentas es un objetivo alcanzable cuando se subsiste de sueldo en sueldo y llegando con dificultad a fin de mes. Pero, a juzgar por lo que explica este valenciano, tiene mucho más que ver con la disciplina y la relación que se tiene con el dinero que con el hecho de ser pobre o rico. Jarque, organizador de las Jornadas por la Independencia Financiera en España, cuenta que cambió su manera de gestionar sus finanzas empujado por la insatisfacción vital que sentía pese a llevar aparentemente una vida perfecta. Hacía dieciocho años que trabajaba en una caja de ahorros, tenía coche, una hipoteca y una novia... "Y, bueno, al principio estaba más o menos bien, pero con el tiempo tenía la sensación de estar viviendo un día de la marmota en bucle; iba a trabajar en modo automático, llegaba un punto en el que el tiempo no me generaba recuerdos, confundía unos años con otros, porque los recuerdos se escriben con la tinta de las emociones", cuenta Jarque, "y, por otro lado, tenía un montón de sueños y de cosas que quería hacer, que eran incompatibles con la vida que llevaba; quería viajar, hacer voluntariados y dar la vuelta al mundo". En esta tesitura decidió abandonarlo todo: dejó el trabajo, a su novia y vendió la casa y el coche. Y comenzó a transitar por la senda que le permitió dejar de ser una persona gris.

Pero llegar a vivir de las rentas a partir del ahorro y la inversión no es un camino fácil. El pistoletazo de salida pasa por medir tu libertad financiera actual, es decir, el número de meses que podrías vivir sin reducir tu nivel de gasto si hoy mismo dejaras de cobrar tu sueldo. Cuanto más grande sea, menor será el miedo de lanzarte a hacer lo que realmente te hace feliz. Y con esto no solo me refiero a llevar un estilo de vida ocioso, sino también al hecho de materializar proyectos que te gustaría impulsar desde tu carrera profesional sin estar tan condicionado por el temor al fracaso, principal inhibidor en esta esfera de la creatividad y del éxito. Obviamente, en muchos casos, el tren de vida que lleves te alejará o te acercará de la meta.

De entrada, si partes de cero, generar un ahorro equivalente a seis meses de tus gastos será indispensable. En el cálculo excluye el valor de tu casa y todos aquellos activos que no puedan transformarse en dinero de manera rápida. Pongamos un ejemplo: la familia García Solé, compuesta por dos adultos y dos adolescentes, necesita al menos 4.000 euros para cubrir todos sus gastos mensuales, tanto fijos como variables, y cuenta con un ahorro de 10.000 euros en un depósito bancario. Además, tiene su vivienda habitual medio pagada y dos plazas de parking –una para uso propio y la otra en alquiler, la cual le da una renta de 50 euros mensuales–. La libertad financiera de los García Sole será, por tanto, de dos meses y medio, por lo que es evidente que necesita mejorar su salud financiera con, al menos, un ahorro equivalente a seis meses de sus gastos (24.000 euros). A este montante se sumaría la renta mensual que percibe de su segunda plaza de parking, por la que gana 600 euros al año. Cantidad que, aunque exigua en relación a su nivel de gasto, representa un ingreso pasivo, pues no debe emplear ni esfuerzo ni apenas tiempo en obtener ese dinero. Pese a ello, aún le falta mucho por recorrer para poder vivir de rentas, si bien con planificación, constancia y asesoramiento podrá dejar de depender tanto de sus ingresos activos, aquellos que genera a través de su trabajo y esfuerzo directo intercambiando su tiempo y habilidades por dinero.

Calcula tu tiempo de libertad financiera con la siguiente fórmula:

$$\text{Meses de libertad financiera} = \frac{\text{Ahorros} + \text{Inversiones}}{\text{Gastos mensuales}}$$

También puedes calcular cuál es tu índice de libertad financiera con esta segunda fórmula:

$$\text{Índice de libertad financiera} = \frac{\text{Ingresos pasivos mensuales}}{\text{Gastos mensuales totales}}$$

Índice < 1 No tienes libertad financiera, ya que tus ingresos pasivos no cubren tus gastos.

Índice = 1 **Estás en el umbral de la libertad financiera; tus ingresos pasivos son suficientes para cubrir tus gastos.**

Índice > 1 **Has alcanzado o superado la libertad financiera; tus ingresos pasivos cubren tus gastos y tienes margen para ahorrar o reinvertir.**

La primera fórmula indica durante cuánto tiempo una persona o familia podría subsistir sin nuevos ingresos tirando de su patrimonio financiero. Mientras que la segunda permite calcular hasta qué punto los ingresos pasivos, es decir, los rendimientos procedentes de inversiones y regalías, son suficientes para cubrir los gastos mensuales de un hogar. Así, por ejemplo, el índice de libertad financiera de una persona que perciba ingresos pasivos por valor de 500 euros al mes y tenga unos gastos mensuales de 1.500 euros será de 0,33, cuando el resultado para ser independiente financieramente debería ser igual a 1 o superior. Otras variables que no podemos pasar por alto a la hora de valorar este aspecto es la inflación y cambios en el estilo de vida que aumentan de manera significativa el desembolso mensual de un hogar, como tener hijos o sufrir una enfermedad o invalidez. Por todo ello, es conveniente cada año recalcular el índice de libertad financiera. Y si los números no salen, rehacer el presupuesto y aplicar los ajustes correspondientes para que, en la medida de lo posible y con el transcurso de los años, tiendas a depender menos de tus ingresos activos, aquellos que, recordemos, precisan de tu esfuerzo y tiempo para generarse, algo que muy probablemente agradecerás a medida que vayas cumpliendo edad y te sientas más cansado y con menos ganas de trabajar.

La cartera del millón de euros

Quizás seas de los afortunados que declara sentirse muy realizado con su labor profesional, pero si no es el caso, te aconsejo que cambies de empleo o pongas en marcha un plan para sentirte al menos más liberado del mercado laboral. Y no caigas en el error de dejar tu futuro en manos de la suerte. Cada año aproximadamente un 70% de las personas adultas en España juega a la lotería de Navidad, pese a que la mayoría ni siquiera recuperará el dinero invertido y que las posibilidades de que toque el gordo, dotado con 400.000 euros al décimo (328.000 euros descontando impuestos), son ridículas, ya que cada boleto que compres tendrás un 0,001% de probabilidad de resultar agraciado con el premio máximo. Afortunadamente, hay un camino alternativo con mayores probabilidades de éxito para conseguir engrosar con varios ceros el patrimonio personal y familiar.

Jordi Mercader, consejero delegado y cofundador del gestor automatizado inbestMe, diseñó para su hija Laia, de

27 años, un plan de inversión que bautizó como "la cartera del millón de euros" con una perspectiva a largo plazo. Pese a su sueldo mileurista, la joven había conseguido ahorrar con esfuerzo y constancia sus primeros 10.000 euros. Era el año 2013 y los tipos de interés oficiales en Europa eran muy bajos, por lo que los depósitos bancarios no ofrecían apenas rendimientos. "Me di cuenta de que había muchas personas como Laia, forzadas a empezar a invertir sin tener conocimientos para ello", relata Jordi en el podcast *Bolsillo*.

La primera fase del plan consistió en reservar en una cuenta de ahorro 6.000 euros en concepto de fondo de emergencia, el equivalente a seis meses de los gastos cotidianos de Laia, que en aquella época vivía en el domicilio parental. El resto del dinero (4.000 euros) se destinaría a una cartera diversificada compuesta principalmente por renta variable con perspectiva mundial, una opción arriesgada pero adecuada para un horizonte de inversión largo. No obstante, un pequeño porcentaje del dinero se rentabilizaría a través de fondos de renta fija, activos inmobiliarios y oro.

La segunda fase del plan se basó en generar un ahorro recurrente mensual de 250 euros, cantidad que anualmente se revisaría un 3,5% al alza, porcentaje ligeramente superior al incremento medio del índice de precios de consumo (IPC) en la última década. La rentabilidad objetivo de la cartera del millón de euros es de un 6,5% anual, suficiente para que, con el tiempo, el efecto del interés compuesto dispare de manera exponencial la rentabilidad. Los primeros 100.000 euros son los más costosos de conseguir, pero los sucesivos 100.000 euros hasta llegar al millón se van alcanzando en intervalos de tiempo cada vez más cortos.

Pese a que la viabilidad de llegar a la jubilación con un patrimonio financiero de un millón de euros mediante pequeñas aportaciones pueda generar escepticismo, Jordi asegura que lograrlo "puede estar al alcance de bastante gente". El principal obstáculo radica en la dificultad psicológica que conlleva mantenerse perseverante en la priorización del beneficio futuro en detrimento de la tendencia natural a querer disfrutar de nuestro dinero en el corto plazo, a lo que se suma la dificultad que entraña olvidarse de las subidas y bajadas de los mercados. En todo caso, reflexiona Jordi, "lo importante no es tanto llegar al millón de euros exactos, sino que el patrimonio que se genere sirva para complementar la jubilación e intentar mantener el nivel de vida durante esa etapa".

Hay que tener en cuenta, además, dos factores que determinarán el resultado final: el primero, cuanto antes se comience a ahorrar e invertir, más probabilidades habrá de alcanzar la meta del millón de euros, y el segundo, la vida es

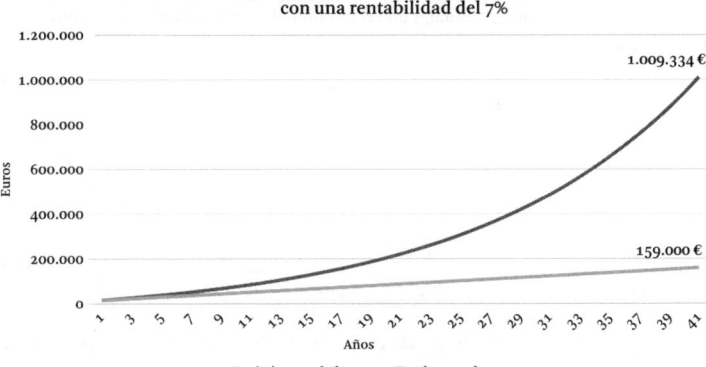

Gráfico 2. La cartera del millón de euros (simulación sin inflación)

cambiante, por lo que a veces no quedará más remedio que ir ajustando el plan en función de las vicisitudes que vayan surgiendo. "Tampoco tiene por qué ser necesario llegar al millón, pues habrá momentos en los que con medio millón será suficiente", reconoce Jordi.

En el gráfico 2 se observa cuánto tardará un inversor en alcanzar un patrimonio financiero de un millón de euros con una aportación inicial de 15.000 euros, un ahorro sistemático de 300 euros al mes, invertidos en una cartera que obtenga una rentabilidad media de un 7% a lo largo de 40 años.

Esta primera estimación se ha realizado sin actualizar anualmente las aportaciones periódicas en función de la

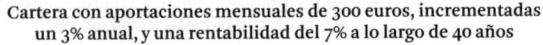

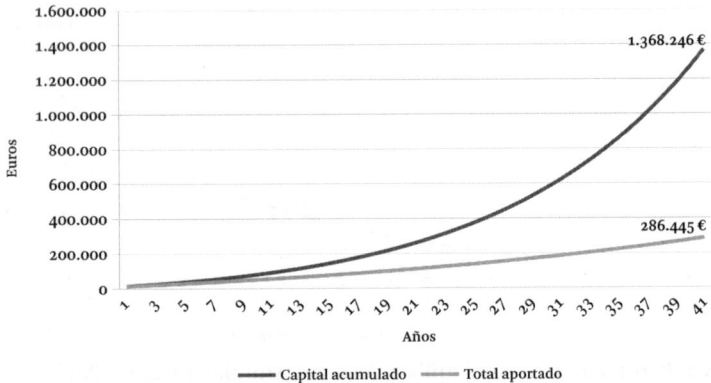

Gráfico 3. La cartera del millón de euros (simulación con inflación)

evolución del IPC, por lo que, de hacerlo, el patrimonio final sería aún mayor. Como se muestra en el gráfico 3, incrementando las aportaciones periódicas un 3% cada año, se podrían incluso superar la cifra de 1.300.000 euros. Este ajuste es recomendable por dos razones: primero, porque aumenta las probabilidades de alcanzar el millón de euros, considerando que las rentabilidades son fluctuantes; y segundo, porque permite que el patrimonio obtenido se mantenga ajustado a la inflación. De este modo, dentro de cuarenta años, conservarás el mismo poder adquisitivo que tendría hoy un millón de euros en la cartera.

Tal como se puede observar en el gráfico 2, con aportaciones periódicas de 3.600 euros anuales, los primeros 100.000 euros de patrimonio se alcanzarían aproximadamente a los 12 años de haber comenzado el plan de inversión con las características anteriormente descritas, pero los siguientes 100.000 euros se acumularían en tan solo siete años más. Con cinco años adicionales de aportaciones periódicas, el patrimonio financiero alcanzaría los 300.000 euros, y en los cuatro años siguientes, llegaría a 400.000 euros. ¡Premio!

Rentabilizar el ahorro a través de la inversión en fondos
Como ya habrás deducido, comenzar a invertir a una edad temprana es básico para conseguir el objetivo del millón de euros antes de llegar a la jubilación a través de una estrategia diversificada que debería tener en cuenta la inversión en fondos indexados o cotizados. Pero, antes de seguir, recordemos para los neófitos que un fondo de inversión es, en general, un instrumento financiero que gestiona de forma colectiva el dinero de múltiples inversores. Dependiendo de su política y estrategia, este vehículo puede invertir en una variedad de activos, como acciones, bonos, bienes raíces o metales preciosos. Además, puede limitar su ámbito de actuación a una región geográfica específica (un fondo que invierte solo en compañías europeas), a un sector de-

terminado (como biotecnología o inteligencia artificial) o a activos de renta fija, que tienen un vencimiento concreto, como bonos, obligaciones, letras del Tesoro o pagarés de empresa. A diferencia de la compra directa de acciones, un fondo de inversión facilita una diversificación automática al agrupar el capital de varios inversores para distribuirlo entre diferentes activos, lo que reduce el riesgo individual, ya que la pérdida en un activo puede ser compensada por las ganancias en otros.

No hay que pasar por alto que invertir en un fondo también implica el pago de gastos y comisiones, lo que restará rentabilidad a la inversión, y que no siempre se gana invirtiendo en cualquier activo a largo plazo. Por eso, es fundamental diversificar nuestras inversiones y nunca invertir el dinero que se necesite para vivir. Lo más sencillo para el común de los ahorradores con vistas a rentabilizar su ahorro a largo plazo es hacerlo a través de fondos indexados o fondos cotizados en bolsa (también conocidos como ETF, por sus siglas en inglés *Exchange-Traded Funds*). El inversor que se decanta por cualquiera de estos dos vehículos espera obtener una rentabilidad similar a la que ofrecen los índices de referencia, por eso se consideran, en general, fondos de gestión pasiva. Si se busca una rentabilidad superior a la media del mercado, habrá que decantarse por otras opciones, como los fondos de inversión activa, pero es realmente difícil saber encontrar el que pueda superar a los índices principales de renta variable. En todo caso, habrá que ajustar la cartera a los objetivos u horizontes de inversión. En el ejemplo escogido (un plan de inversión a cuarenta años) tiene sentido invertir un alto porcentaje del ahorro en renta variable, mientras que para otros objetivos a corto o medio plazo habrá que modular ese riesgo combinando distintos activos.

Fondos de inversión de gestión activa

Son fondos gestionados por profesionales que seleccionan los activos para intentar superar el rendimiento del mercado. Los gestores realizan análisis detallados y toman decisiones de inversión basadas en su experiencia y en estudios de mercado. Hay una altísima oferta y permiten acceder a cualquier tipo de estrategia de inversión, algunas de las cuales pueden ser muy sofisticadas y no siguen un índice en particular. Estos fondos suelen tener comisiones más altas debido al trabajo intensivo de gestión. Sin embargo, decantarse por esta opción no siempre consigue mejores rentabilidades que las que se obtendrían invirtiendo en un fondo que simplemente sigue el comportamiento de uno de los índices bursátiles más relevantes.

Fondos indexados o de gestión pasiva

Estos fondos replican un índice bursátil específico, como el Nasdaq, el S&P 500, el MSCI World o el Ibex 35, en lugar de tratar de superar el rendimiento de estos índices. Son ideales para inversores que buscan diversificación y bajos costos a largo plazo y se conforman con obtener una rentabilidad cercana a la media del mercado. Su funcionamiento es sencillo: los gestores de estos fondos seleccionan los activos que componen su índice de referencia y lo replican de manera proporcional.

Por ejemplo, un fondo que siga al S&P 500 compra acciones de las 500 empresas más grandes de Estados Unidos de manera proporcional a su peso en el índice, lo que significa que si una compañía representa un 2% del índice, esa empresa representará un 2% de su cartera. Entre los fondos que pertenecen a esta tipología destacan, además de Vanguard S&P 500 Index Fund, el fondo Amundi Index MSCI World, que busca replicar el comportamiento del índice MSCI World, el cual mide el rendimiento de las acciones de grandes y medianas empresas de 23 países con economías consolidadas, por lo que se utiliza como referencia para evaluar el desempeño de los mercados desarrollados.

Fondos cotizados o ETF ('exchange traded funds')

Son fondos que cotizan en bolsa como si fueran acciones. Combinan las ventajas de los fondos indexados y la flexibilidad de las acciones, permitiendo comprar y vender durante el horario de mercado. La mayoría son de gestión pasiva y replican índices, sectores o activos específicos. Los ETF ofrecen una alta liquidez y suelen tener comisiones incluso más bajas que los fondos indexados, aunque hay que tener en cuenta que aplican comisiones por cada compra o venta realizada. Tienen un tratamiento fiscal diferente respecto a la inversión en fondos indexados: mientras que en estos últimos es posible realizar traspasos de un fondo a otro sin tener que pagar impuestos, en los ETF, como ocurre con las acciones, cada vez que se vende una participación, aunque sea para comprar otra, se tributa por la plusvalía (incremento del valor) que haya tenido el activo desde que se adquirió.

Aunque nacieron de la mano de la indexación, han empezado a aparecer unos ETF cada vez más sofisticados incluyendo los ETF de gestión activa.

Robo advisors

Son plataformas digitales que ofrecen servicios automatizados de gestión de inversiones. Utilizan algoritmos para perfilar el riesgo y crear y gestionar carteras diversificadas, generalmente compuestas por fondos indexados o por fondos cotizados, basándose en el perfil de riesgo y objetivos del inversor. Ofrecen comisiones competitivas y son una opción sencilla para quienes buscan una gestión profesional sin intervenir directamente en las decisiones de inversión. Algunos ofrecen la opción de tener múltiples cuentas con diferentes objetivos y simuladores que permiten una planificación financiera personalizada. Entre los robo advisors más relevantes del mercado español se encuentran Indexa, Myinvestor, Finanbest, Finizens e Inbestme.

Plataformas o brókers digitales de inversión

Son plataformas digitales que ofrecen servicios de compra o venta, ya sea de fondos de inversión, ETF o incluso acciones. El cliente toma sus propias decisiones de inversión seleccionando entre todas las opciones la que más le conviene, por lo que exige tener conocimientos suficientes para elegir y ejecutar las operaciones. También exige tener un buen control de las emociones y una robusta psicología financiera, que en general es muy débil, ya que se ha descubierto que los humanos estamos sometidos a muchos sesgos financieros, como la aversión a la pérdida o el efecto manada que hemos mencionado anteriormente.

La inversión en dividendos

Otra vía para vivir de rentas consiste en comprar acciones de empresas que distribuyen una parte de sus beneficios en forma de dividendos –los pagos que una empresa realiza a sus accionistas para repartir parte de las ganancias obtenidas durante un período–, lo que genera para el inversor un flujo de ingresos pasivos recurrentes. A diferencia de otros métodos, como el trading, en el que se abren y cierran posiciones en función de las fluctuaciones del mercado, este es un proceso pausado, donde los rendimientos se acumulan a largo plazo. Además, el crecimiento de la cartera puede acelerarse de manera aún más exponencial reinvirtiendo los dividendos en nuevas acciones.

Juan Cortés, ingeniero informático de 38 años, más conocido en las redes sociales como *el Loco del dividendo*, comparte en el podcast *Bolsillo* su experiencia siguiendo esta estrategia. Después de ocho años invirtiendo, asegura que ha logrado que sus ingresos pasivos cubran más de la mitad de sus gastos mensuales. Según él, la clave radica en la constancia y en la reinversión de los dividendos, porque es ahí donde el interés compuesto obra su magia. Explica que comenzó su trayectoria como cualquier persona trabajadora: ahorrando y buscando alternativas para impulsar su patrimonio. Inicialmente consideró invertir en bienes inmuebles, pero descartó esta opción por las dificultades que entraña la gestión de inquilinos e hipotecas. Su estrategia es la siguiente: ahorrar la mitad de su sueldo y destinarla a la compra de acciones en empresas sólidas que reparten dividendos. "Una de las cosas que más me gustan de esta estrategia es que si me quedo en paro mañana, no tendré que vender mis acciones para vivir, pues las empresas en las que he invertido seguirán repartiendo dividendos, por lo que no me veré obligado a desprenderme del patrimonio que he construido a lo largo de tantos años".

Juan subraya la relevancia de diversificar para minimizar riesgos. En su cartera cuenta con acciones de más de cuarenta empresas repartidas en siete países, incluyendo nombres como la española Logista, la británica Games Workshop y el conglomerado CK Hutchinson, con sede en Hong Kong. "Todos somos humanos, y la diversificación es la mejor vacuna contra nuestras propias equivocaciones", afirma. Sin embargo, no hace falta comprar acciones de un abanico tan amplio de compañías, con una cartera compuesta por unas veinte o treinta empresas es suficiente.

Asimismo, advierte que no es necesario empezar con grandes cantidades de dinero: "Si solo puedes invertir cincuenta o cien euros al mes, seguramente conseguirás un complemento a tu pensión". Aunque en su caso, al invertir cantidades mucho mayores, confía en poder retirarse del mercado laboral incluso antes de cumplir los 50 años.

Este enfoque, como demuestra su caso, es más que una estrategia financiera; es una filosofía de vida. Una opción de inversión a considerar para aquellos que estén dispuestos a aprender sobre cómo evaluar los fundamentos financieros y operativos de las empresas para determinar su capacidad para pagar dividendos, por lo que se valorarán aspectos como la rentabilidad, la solvencia, la liquidez y la solidez del negocio.

Sin embargo, obcecarse por comprar acciones de compañías que retribuyen al accionariado puede llevar al inversor a ver oasis en medio del desierto. En este sentido, el inversor y emprendedor Arturo López Pérez advierte de lo que, a su parecer, es "un engaño legal" bastante frecuente en el mundo empresarial: el pago de dividendos fantasma, que son aquellos que distribuyen las empresas que no han generado suficientes beneficios y deciden emitir acciones para recaudar capital y, seguidamente, poder pagar el dividendo prometido al accionariado. Es decir, por un lado le quitan participación en la empresa emitiendo nuevas acciones (lo que puede diluir el valor de las participaciones de los accionistas existentes al reducir su porcentaje de propiedad) y, por el otro, le devuelven el dinero en dividendos, por los que deberán tributar.

Si profundizas en los vericuetos de la inversión en bolsa pronto te darás cuenta de que se necesita un profundo conocimiento sobre el tema para saber escoger de manera correcta las empresas en las que invertir. Por lo que si no estás lo suficientemente avezado, mejor abstente y consulta con un especialista. De lo contrario, lo más probable es que termines engrosando la enorme lista de los que lo intentaron y fracasaron en el intento.

Otras estrategias bursátiles

Además de invertir en fondos o en la compra directa de acciones, los mercados ofrecen una amplia variedad de enfoques que se ajustan a distintos objetivos y perfiles de riesgo. Y, precisamente, entre las más destacadas está la inversión en valor. Los seguidores de esta filosofía buscan empresas con gran potencial de crecimiento, analizando aspectos como la rentabilidad y la solvencia. Esta estrategia, defendida por inversores de renombre como Warren Buffett, Charlie Munger y Benjamin Graham, requiere paciencia y una perspectiva a largo plazo. Así lo atestigua también Arturo López. El autor de *Deja de perder dinero en bolsa y empieza a ganarlo con la inversión en valor* presume de haber alcanzado la independencia financiera a los 31 años gracias a la inversión en bienes raíces y la compra de acciones de "las mejores empresas del mundo". Google, Visa, Mastercard, Moody's, Hermès, Ferrari y PepsiCo forman parte de su colección de colosos bursátiles. "Una vez las compras, no tienes que hacer nada durante quince, veinte o treinta años", asegura. Eso sí, a final de año, comprueba que todas las empresas sigan siendo rentables, solventes, crezcan y que retribuyan a sus accionistas a través de dividendos o de la recompra de acciones.

Otra estrategia de inversión destacada es la inversión en crecimiento, que se enfoca en empresas con alto potencial de expansión en el futuro. Estas suelen operar en sectores innovadores como la tecnología o la biotecnología y, aunque pueden implicar más riesgo, se pueden obtener rendimientos significativos si tienen éxito. En el extremo opuesto se encuentra el trading, una estrategia activa que busca beneficios rápidos aprovechando las fluctuaciones del mercado. Dentro del trading, existen diferentes tipologías: cuando se abren y se cierran operaciones en un solo día (*day trading*) o incluso en periodos más cortos de tiempo (*scalping*). Estas tácticas, aunque pueden generar ganancias significativas, requieren experiencia, pero sobre todo formación, tal como nos recuerda Francisca Serrano.

Su historia arranca cuando, con 28 años y ocupando un puesto de administrativa en la función pública, le diagnostican un cáncer que le obligaba a estar de baja un año y medio, lo que le supuso tener que enfrentar una reducción de ingresos. "Si no llega a ser por mi madre, que era pensionista, me hubiera muerto de hambre", asegura. A partir de entonces comenzó su inquietud por ganar dinero de otro modo. Y lo consiguió: en pocos años amasó una fortuna invirtiendo en bolsa, convirtiéndose en un ejemplo de cómo el trading puede llegar a ser una vía para alcanzar la independencia financiera.

No obstante, advierte, "No todo el mundo sirve para hacer trading", por lo que recomienda adquirir una base teórica, lo que incluye aprender a interpretar gráficos, identificar tendencias y entender cómo funcionan las estrategias de entrada y salida del mercado. Otro paso crucial, prosigue, es comenzar a operar a través de simuladores hasta conseguir una ratio aceptable de beneficios.

La operadora bursátil, docente y autora de varios libros sobre bolsa, resalta la importancia de poner *stop loss,* una orden predefinida que se ejecuta de manera automática cerrando una operación cuando el precio del activo baja o sube hasta un determinado nivel. Esta herramienta obliga al inversor a reflexionar sobre la cantidad que está dispuesto a perder, lo que en inversiones de alto riesgo como el trading es fundamental para evitar arruinarse y tener menos posibilidades de entrar a formar parte del numeroso club de los que acaban descapitalizándose. Por ello, resalta que es esencial no invertir más de un 10% de los ingresos y contar siempre con un colchón de emergencia.

Francisca no solo ve en el trading, en combinación con otras inversiones, un camino para llegar a la libertad financiera, sino también un medio para reinvertir en el mundo. En concreto, dona parte de su dinero a la Fundación Agua y Cáncer, que apoya la investigación oncológica y construye pozos de agua en Burkina Faso.

Por otro lado, hay quienes optan por estrategias temáticas, decantándose por seguir tendencias globales como las energías renovables o las empresas con criterios ESG (ambientales, sociales y de gobernanza). Inversiones que no solo buscan rentabilidad, sino también contribuir a un mundo mejor y más sostenible. Y, finalmente, existe la posibilidad de emplear estrategias de cobertura, como el uso de derivados, para proteger una cartera ante posibles caídas, o bien invertir a contracorriente, apostando por sectores en crisis con expectativas de recuperación futura. La clave radica en elegir, con asesoramiento profesional si no se tiene suficiente conocimiento, la que mejor se ajuste a los objetivos y al nivel de tolerancia al riesgo de cada uno. Y, por supuesto, diversificar.

"Llegar al millón de euros antes de los 50 años: 'Estuve años trabajando gratis'", *Bolsillo*, episodio 40.)

"Vivir como un jubilado a los 40: ¿cómo invierten los españoles que viven de rentas?", *Bolsillo*, episodio 51.

"Para ser más libres, todos los españoles deberían invertir en dividendos", *Bolsillo*, episodio 50.

"Nunca ganarás en bolsa con mentalidad de empleado, funcionario o pensionista", *Bolsillo*, episodio 73.

"Francisca Serrano: 'Cuando hay pánico en el mercado, más me divierto'", *Bolsillo*, episodio 38.

5. Objetivo: vivir de rentas

6. Mitigar el impacto de los cisnes negros

"Los humanos somos naturalmente malos a la hora de comprender la aleatoriedad; creemos que entendemos el pasado, lo que implica que el futuro debería ser menos incierto para nosotros de lo que realmente es", Nassim Nicholas Taleb

Una de las palabras más repetidas entre los expertos en finanzas es *diversifica*, es decir, nunca inviertas tus ahorros en un solo producto, por muy seguro que te parezca o te hayan dicho que es. Tampoco te guíes por la evolución histórica que haya tenido un activo para determinar si obtendrás rentabilidades altas en el futuro, pues los mercados son en gran medida impredecibles. Por eso, a ser posible, incluye también en tu cartera activos que estén poco o nada correlacionados con los productos de ahorro o inversión clásicos –depósitos bancarios, acciones y bonos–. ¿Y cuáles son en general este tipo de activos?: las inversiones alternativas, siendo las más habituales bienes inmuebles, metales preciosos –sobre todo oro y plata– y arte. Además, descorrelacionar el portfolio, es decir, la colección de inversiones que posees, es en la era digital más asequible que antaño, ya que en la actualidad es posible hacerlo sin moverse del sofá de casa.

La aleatoriedad en las fluctuaciones de los mercados, junto con los cambios en las políticas económicas y los acontecimientos esperados, pueden provocar que lo que ayer te parecía una idea estupenda para rentabilizar tu patrimonio, mañana se convierta en un lastre para tu cartera. Como probablemente ya habrás intuido, la inversión es una materia compleja que requiere de un profundo conocimiento para acertar, y aun, con todo, se pueden sufrir pérdidas. Con esto no quiero decir que sea mejor dejar el dinero en la caja fuerte, pues hay maneras de conseguir que nuestra cartera sea resiliente a los vaivenes de los mercados y la aparición sorpresiva de una tipología de ave negra.

Seis años después de los atentados del 11-S del 2001, cuando una veintena de terroristas estrelló cuatro aviones comerciales contra varios objetivos en Estados Unidos provocando la muerte de 3.000 personas, el investigador y financiero Nassim Nicholas Taleb introdujo y popularizó el concepto de *cisne negro* a través de su libro *The black swan: the impact of the highly improbable*, en el que argumenta que desde que el ser humano abandonó el Pleistoceno, hace unos diez milenios, el efecto de los fenómenos raros, impredecibles y de gran impacto han ido en aumento, mientras que los sucesos corrientes, aquellos que estudiamos y para los que nos preparamos, se han hecho cada vez más intrascendentes. Para este estudioso de la incertidumbre y la probabilidad, el pasado está lleno de acontecimientos que reúnen las características de un cisne negro, desde el ascenso de Hitler y la posterior guerra mundial, pasando por la abrupta disolución de la Unión Soviética en 1991 hasta el desplome de la bolsa de Nueva York del 19 de octubre de 1987, conocido como *lunes negro*, en el que el Dow Jones se hundió contra todo pronóstico un 22,6% provocando un efecto en cadena a nivel global. Esta caída bursátil, la más pronunciada de la historia en un periodo tan corto de tiempo, es un claro ejemplo de la fragilidad del sistema financiero ante los hechos altamente improbables y de gran impacto. De ahí radica la importancia de construir una cartera resistente a la llegada de las raras aves negras que describe Taleb.

El bote salvavidas

El oro es el activo predilecto para refugiarse frente a eventos improbables de gran impacto. Además, contribuye a preservar la riqueza frente al deterioro del poder adquisitivo provocado por la inflación o en escenarios de depreciación monetaria, lo que lo convierte en el activo de reserva de valor por excelencia.

Las grandes fortunas, con patrimonios que alcanzan varios cientos de millones, suelen destinar al menos una pequeña porción de su cartera a los metales preciosos. Estos han sido altamente valorados por la humanidad durante milenios. En particular el oro llegó a convertirse en moneda de cambio y, a partir del siglo XIX, estuvo vinculado a algunas monedas nacionales, como el dólar estadounidense. Sin embargo, la convertibilidad del dólar en oro fue suspendida a mediados de 1971 debido a la pérdida de confianza en la divisa. Desde entonces, el sistema económico global está regido por monedas fiat, o fiduciarias, cuyo valor depende de la aceptación de los ciudadanos y los mercados, por lo que dejó de estar respaldado por un activo tangible.

A pesar de esta transición, los bancos centrales continúan comprando oro como parte de su estrategia para diversificar reservas y fortalecer sus posiciones financieras. No obstante, no se considera un activo altamente lucrativo; su rentabilidad real a lo largo de la historia ha sido casi nula, lo que no ha impedido que su precio se haya más que duplicado en la última década. Como afirma el responsable de inversiones en metales preciosos de Jupiter AM, Ned

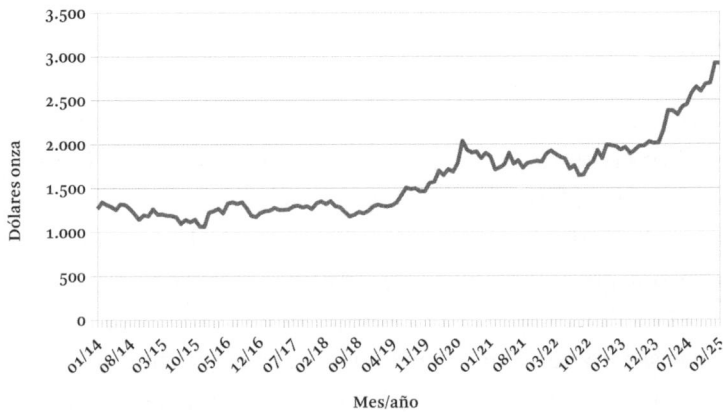

Gráfico 4. Evolución del precio del oro

Naylor-Leyland, el oro es una medida de valor para monedas como el euro, el dólar y la libra esterlina. Según este experto, "cuando pensamos en la evolución futura del precio, lo que realmente estamos considerando es cuánto más podrían depreciarse estas monedas". Ante el elevado gasto actual de los gobiernos, es razonable esperar que esta clásica reserva de valor alcance nuevos máximos.

El gráfico 4 ilustra el notable crecimiento del precio del oro en la última década. Esta tendencia puede atribuirse a la incertidumbre derivada de eventos como la pandemia de la covid y los conflictos geopolíticos, así como a la inyección

6. Mitigar el impacto de los cisnes negros

masiva de liquidez por parte de los bancos centrales para estimular la economía.

A pesar de que no destaca por su rentabilidad frente a otros activos, surge la pregunta de si resulta recomendable incluir el oro en una cartera de inversión, tema ampliamente debatido. Naylor-Leyland sostiene que el oro, como activo real y limitado, representa el verdadero ahorro: "¡Así que compórtate como un banquero central!", dice.

Si decides seguir este consejo, debes saber que existen diversas maneras de invertir en oro. La forma más tradicional es la compra de monedas y lingotes físicos. Para ello, existen plataformas en línea especializadas como Bullion-Vault y Vaulted, que además ofrecen servicios de custodia en cámaras acorazadas. También es posible hacerlo a través de ETF o fondos referenciados al oro o a empresas mineras. Otra alternativa es comprar acciones de compañías productoras, como Barrick Gold, Newmont, Polyus, Franco-Nevada y AngloGold. Opción que, no obstante, puede presentar una correlación imperfecta con el precio al que cotiza el preciado metal debido a varios factores que afectan al rendimiento financiero de estas empresas, como cambios en los costes de producción y riesgos inherentes a la actividad de extracción en lugares con una elevada inestabilidad política y conflictividad social.

Así que comprar monedas y lingotes de oro, así como un fondo de inversión o ETF referenciado a este metal son las formas más habituales de incluirlo en un portfolio. Aunque si eres un amante de las joyas posiblemente te preguntes si la compra de piezas confeccionadas con el metal áureo pueden considerarse un ahorro. Técnicamente no, excepto si se trata de joyas de colección, de una lujosa marca o bien diseñadas por un artista de renombre. El motivo es que el sobrecoste que el consumidor paga por este tipo de producto hace que nunca salga a cuenta adquirirlo como inversión. Y además siempre será de mayor valor un lingote o moneda de oro puro (24 quilates) que una joya de 18 o 14 quilates. Por lo tanto, comprar joyas de oro y guardarlas a buen recaudo en casa esperando a lucirlas en ocasiones muy especiales, esas que se tercian pocas veces en la vida, no es buen negocio, aunque sí reconozco que puede ser hasta cierto punto rentable emocionalmente.

La alternativa del bitcoin y otras criptomonedas

La pérdida de confianza en el sistema monetario actual está detrás del surgimiento de la criptomoneda reina, el bitcoin, que se ha revalorizado de manera exponencial desde su creación en el 2008, año en el que se produjo la quiebra de Lehman Brothers, uno de los bancos de inversión más emblemáticos de Estados Unidos y símbolo de la posterior crisis financiera global que se desató tras su colapso. En este contexto de incertidumbre, apareció un libro blanco, firmado bajo el pseudónimo Satoshi Nakamoto, en el que una persona o colectivo anónimo anunciaba una nueva forma de dinero electrónico que permitía realizar pagos sin tener que depender de un intermediario –con el consiguiente potencial ahorro en costes que esto conlleva en comparación con los sistemas tradicionales–, replicando así la principal característica de las transacciones realizadas con dinero físico.

Esta moneda digital, que comenzó a operar en enero del 2009 y se sustenta principalmente en la tecnología *blockchain* o de cadena de bloques, se diseñó como alternativa a las divisas fiduciarias, que los bancos centrales emiten en función de las necesidades de liquidez del sistema financiero a riesgo de generar inflación, tal como hemos visto en los últimos años. Pero a diferencia de las divisas fiduciarias, el bitcoin está programado para tener un límite inamovible de 21 millones de unidades, con la previsión de que se mine el último bitcoin en el 2140, introduciendo así el concepto de *escasez digital*.

El hecho de que su oferta esté predefinida dota a esta criptomoneda de un gran atractivo, aunque hay otras ventajas de las que presumen sus defensores, entre las que destacan el hecho de evitar costosas comisiones por transacciones internacionales y terminar con el problema de la exclusión financiera que sufren las personas en situación de vulnerabilidad económica, social o geográfica.

Bitcoin, por tanto, comparte muchas de las características de lo que debe ser una reserva de valor: su oferta es limitada, es divisible, portátil y además está respaldado por una tecnología que lo hace seguro. Sin embargo, a diferencia del oro, cuya cotización se ha comportado de manera bastante estable a lo largo de la historia, la volatilidad histórica del bitcoin sugiere que es un producto especulativo y de alto riesgo. Por su juventud, se trata de un activo que todavía está descubriendo su precio de equilibrio y por tanto va a sufrir volatilidad en el futuro. Aun así, ¿podría considerarse algún día un sustituto del oro? Para Eloi Noya, director de Innovación del Instituto de Estudios Financieros (IEF), la política monetaria deflacionaria que hay detrás de este criptoactivo "lo convierte en una probable reserva de valor en el futuro", como ha sido el metal dorado durante los últimos cinco mil años. Pero tampoco hay que obviar que existen aún muchos interrogantes por despejar y que no es descartable incluso que pueda acabar algún día desapareciendo. Lo más interesante en todo caso es que bitcoin ha reactivado el debate global sobre el dinero y lo que debe ser una reserva de valor.

El llamado oro digital juega un rol importante en las finanzas descentralizadas (DeFi), aunque su participación es menor en comparación con el ether, criptomoneda propia de Ethereum, plataforma que vertebra las DeFi gracias a su capacidad para desarrollar aplicaciones descentralizadas que funcionan mediante contratos inteligentes, programas autoejecutables que operan según condiciones predefinidas en la *blockchain*. Este ecosistema permite a los usuarios gestionar directamente sus ahorros e inversiones, a diferencia del sistema financiero tradicional, controlado por bancos y gobiernos. A esto se añade que las plataformas DeFi operan las 24 horas del día, los 365 días del año, algo imposible en los mercados convencionales.

Sin embargo, la descentralización también presenta debilidades. Sus detractores critican que la seguridad de este sistema recaiga en gran medida en el usuario, lo que implica que, si este olvida o extravía las claves de su billetera digital, podría perder el acceso a sus fondos de forma permanente. Además, existe una falta de protección para los usuarios en casos de pirateo o fraude, ya que las DeFi quedan fuera del ámbito de regulación directa del Reglamento de Mercados de Criptoactivos (MiCA). No obstante, es importante señalar que algunos actores que interactúan con los usuarios finales, como las plataformas de intercambio de criptomonedas o *exchanges* que actúan como puentes hacia el ecosistema DeFi y los proveedores de billeteras digitales, sí estarán sujetos a la regulación establecida por la legislación europea.

A esto se suma el hecho de que la computación cuántica podría representar una seria amenaza para los sistemas de encriptación actuales. No obstante, este peligro no es inmediato, ya que la tecnología cuántica capaz de romper la criptografía moderna está todavía en sus primeras etapas. Los defensores de las DeFi confían en que los protocolos evolucionarán para enfrentar este desafío y mantener la seguridad de sus sistemas.

En definitiva, la alta volatilidad, los riesgos tecnológicos y la falta de regulación convierten a bitcoin en un activo rodeado aún de gran incertidumbre. Con todo, para quienes cuentan con un patrimonio amplio y desean experimentar, destinar una pequeña fracción a criptoactivos podría, en algunos casos, añadir un plus de rentabilidad a su cartera. En todo caso, quienes opten por invertir tanto en bitcoin como en algunas de las miles de criptomonedas (o altcoins) que existen deben ser plenamente conscientes de los riesgos y estar preparados para asumir pérdidas llegado el momento.

6. Mitigar el impacto de los cisnes negros

Ladrillos en la cartera

Tal como dijo el inversor y escritor estadounidense Benjamin Graham, "invertir con éxito se trata de gestionar el riesgo, no de evitarlo". Una regla también aplicable a la alternativa de inversión más común en España, la inmobiliaria, que requiere disponer de un cierto capital para comenzar a operar y que también entraña una serie de riesgos que hay que tener muy presentes al decantarse por esta opción. Uno de ellos, como quedó sobradamente demostrado en la crisis del 2008, es la devaluación del activo a causa de recesiones o aumentos en las tasas de interés de los préstamos hipotecarios.

Hay otros aspectos que pueden reducir la rentabilidad de la inversión, como conflictos legales con inquilinos u ocupas y cambios normativos. Un ejemplo en este sentido es la ley por el Derecho a la Vivienda que entró en vigor en mayo del 2023, que establece, entre otras medidas, el control de precios del alquiler en zonas declaradas de "mercado residencial tensionado" y la creación de un índice para desligar la subida de las rentas al IPC.

Invertir en bienes raíces, por tanto, no es, como algunos colectivos declaran por motivaciones políticas, siempre sinónimo de bicoca, si bien es cierto que existen movimientos especulativos en torno al mercado de la vivienda, lo que tiene un fuerte impacto social y económico en España, donde la población con menor poder adquisitivo lidia desde hace décadas con la dificultad de acceso a techo, sobre todo en las grandes capitales y sus poblaciones adyacentes. Dejando de lado esta cuestión, que se escapa a la temática que abordamos en este libro, uno de los principales factores que influye en la rentabilidad futura en la compra de un bien inmueble como inversión es el precio.

"La clave está en comprar bien; aprovechar aquellos momentos en que el precio de la vivienda baja y puedes encontrar alguna ganga derivada de que haya personas que necesiten vender con prisa", explica Gonzalo Bernardos, director del máster en Asesoría, Gestión y Promoción Inmobiliaria de la Universitat de Barcelona (UB). Pero incluso haciéndose con una auténtica oportunidad única, vivir de rentas inmobiliarias no es para nada un camino de rosas. "Tienes que tener unos ingresos bastante importantes que te generen una capacidad de endeudamiento grande y que, además, lo que te den de alquiler equivalga más o menos a lo que vas a pagar de cuota hipotecaria", aclara Bernardos.

Apalancarse para invertir en inmuebles puede ser arriesgado si no se cuenta con una situación económica sólida. De hecho, la mayoría de las entidades bancarias suelen financiar como máximo un 70% del valor de tasación o de compraventa (el menor de ambos) de una propiedad destinada a inversión. Por lo tanto, el sueño de vivir de las rentas resulta difícilmente alcanzable para una persona que parte de cero y percibe ingresos bajos, ya que los requisitos que exige la banca hoy en día para otorgar préstamos hipotecarios en general son estrictos.

Y aún consiguiendo crédito, pueden surgir acontecimientos inesperados que nos conduzcan a la bancarrota. "Conozco el caso de una persona que tenía ocho hipotecas como persona física que se dedicaba al alquiler turístico. Y en el momento en que llegó la pandemia y se paró totalmente esta actividad, tuvo que hacer frente a los pagos de las hipotecas sin percibir ingreso alguno", pone como ejemplo la inversora de alquiler de habitaciones y formadora en inversión inmobiliaria Paqui Mancilla en el podcast *Bolsillo*, en el que también comparte su regla para evitar el sobreendeudamiento:

"Si hacemos el símil de que soy una persona que estoy dentro de un tubo de agua y el endeudamiento es el nivel del agua, me gusta que el agua me llegue entre las caderas y las rodillas, es decir, no quiero tener la sensación de que me asfixio; por lo tanto, en mi caso el porcentaje del préstamo nunca excede del 30 o el 40% del alquiler que obtengo por un piso para tener margen de flexibilidad ante posibles imprevistos que puedan surgir".

De disponer de los ahorros suficientes para decantarse por este tipo de inversión, es lógico preguntarse si es mejor costear la vivienda al contado o recurrir a crédito. La teoría dice que la rentabilidad del capital propio aumenta cuando se financia una parte del bien inmueble, teniendo en cuenta que, aun así, debe haber un flujo de caja positivo tras pagar las cuotas de la hipoteca y los gastos asociados a la vivienda, como impuestos, seguros y el coste de mantenimiento.

En líneas generales, la rentabilidad neta del alquiler oscila entre el 3,5% y el 5%, dependiendo de factores como la ubicación del bien inmueble, el precio de compra, la gestión y el importe de las rentas, que pueden fluctuar según la situación del mercado. Concretamente, la fórmula para calcular la rentabilidad neta de un bien inmueble alquilado es la siguiente:

$$\text{Rentabilidad neta} = \left(\frac{\text{Ingresos alquiler} - \text{Gastos anuales totales}}{\text{Precio de compra del inmueble}} \right) \times 100$$

Otra cuestión que no debemos pasar por alto es que este tipo de inversión es quizás una de las menos pasivas que existen, a no ser que se deleguen los trámites y papeleo que implica en terceros, lo cual reducirá el beneficio. "Si no queremos perder rentabilidad, tendremos que ocuparnos nosotros de la gestión. Esto implica estar en grupos de comunidades, por si hay alguna reunión o derrama, conversación permanente con los inquilinos cada ciertos meses para atender sus necesidades, y estar pendiente del mantenimiento del inmueble, que se va deteriorando; siempre surgen cosas", relata Vicente, un inversor inmobiliario de la localidad valenciana de Alfafar.

Si bien la inversión inmobiliaria más conocida y la más habitual es la de comprar para alquilar, hay otras fórmulas vinculadas al ladrillo que permiten cobrar rentas. Por ejemplo, si no dispones de suficiente ahorro para invertir directamente en pisos, puedes optar por otras alternativas como las que se describen a continuación:

Inversiones indirectas: socimis y REIT

Para los inversores que buscan acceder al mercado inmobiliario sin la necesidad de adquirir propiedades directamente, las socimis (sociedades cotizadas de inversión inmobiliaria) y los REIT (*real estate investment trusts*) representan opciones atractivas y versátiles. Estas entidades están especializadas en la adquisición, gestión y alquiler de bienes inmuebles. A través de estas empresas, se puede invertir en una amplia gama de activos, desde viviendas residenciales hasta oficinas y centros comerciales. Los REIT permiten diversificar en mercados internacionales, mientras que las socimis, reguladas en España, cuentan con ventajas fiscales, como la exención del impuesto de sociedades bajo ciertas condiciones.

'Crowdfunding' inmobiliario

Se trata de una alternativa interesante para los inversores principiantes, ya que permite participar en proyectos inmobiliarios con aportaciones mínimas, en algunos casos desde cincuenta euros, lo que lo convierte en una opción accesible para quienes disponen de un capital inicial reducido. Sin embargo, Esmeralda Gómez, autora de *La biblia de la inversión inmobiliaria*, advierte que "es indispensable leer detenidamente los contratos y comprobar si el capital invertido está protegido mediante mecanismos como garantías o seguros". Esto es especialmente relevante, puesto que algunas plataformas no ofrecen seguridad frente a posibles pérdidas del proyecto.

'Flipping' (compra-reforma-venta)

Es una estrategia de inversión inmobiliaria que consiste en adquirir inmuebles, realizar mejoras para aumentar su valor y venderlos a un precio superior, obteniendo un beneficio por la diferencia. Esta técnica puede generar rentabilidades significativas, sobre todo en mercados con alta demanda y escasez de propiedades reformadas. Sin embargo, también conlleva riesgos importantes que deben considerarse, como por ejemplo el hecho de que la reforma pueda superar el presupuesto inicial o que se produzca una fluctuación a la baja en los precios de los pisos. Además, un tiempo prolongado para vender la propiedad puede aumentar los costos financieros, como los intereses hipotecarios o los gastos de mantenimiento. Por todo ello, esta estrategia requiere un análisis exhaustivo del mercado, una adecuada estimación de los costos y un margen de seguridad suficiente para mitigar posibles pérdidas. Sin estas precauciones, el resultado puede ser neutral o incluso negativo para el inversor.

Nuda propiedad

Se trata de una modalidad en la que se adquiere la titularidad de un bien inmueble, mientras el usufructo –el derecho de uso y disfrute– permanece en manos generalmente del vendedor, que suele ser una persona mayor que continúa residiendo en la vivienda. Esta estrategia permite a los propietarios obtener liquidez inmediata sin perder su hogar, y a los inversores adquirir propiedades a precios reducidos, con la expectativa de obtener su pleno dominio en el futuro.

En España, las transacciones de nuda propiedad han experimentado un notable incremento en los dos últimos años, coincidiendo con la entrada en vigor de la nueva ley de Vivienda, que ha llevado a inversores y propietarios a buscar alternativas que optimicen la fiscalidad y la gestión de sus activos inmobiliarios. Es fundamental que los contratos de nuda propiedad estén detalladamente elaborados para definir claramente los derechos y obligaciones de ambas partes, evitando así posibles conflictos futuros. Además, es importante considerar aspectos fiscales, ya que la tributación puede variar según la comunidad autónoma y las circunstancias específicas de la operación. Por ello, se recomienda contar con asesoramiento legal y financiero especializado antes de emprender este tipo de inversiones.

Más allá de las distintas fórmulas para vivir de las rentas inmobiliarias, dominar ciertas habilidades resulta esencial para ganar dinero en este tipo de inversión. Entre las más importantes destacan el análisis numérico, que implica calcular el flujo de caja, determinar la rentabilidad esperada y el tiempo de recuperación de la inversión, así como la gestión de relaciones, que consiste en cuidar a todas las personas involucradas, desde inquilinos hasta proveedores, para evitar conflictos y garantizar el éxito a largo plazo. En definitiva, la inversión inmobiliaria ofrece una variedad de alternativas y estrategias, si bien el conocimiento profundo de cada una de ellas puede marcar la diferencia, pues como señala Gómez, "cuando te especializas en un mercado determinado, acabas encontrando oportunidades que no son visibles para otros".

"Cómo sobrevivir a un cisne negro o a una crisis financiera", *Bolsillo*, episodio 39.

"Pasarse a las finanzas descentralizadas: 'Es como ser tu propio banco'", *Bolsillo*, episodio 48.

"Cómo invertir desde 50 euros en inmuebles", *Bolsillo*, episodio 45.

"El sueño de vivir de rentas inmobiliarias: 'Si quieres invertir, espera'", *Bolsillo*, episodio 35.

7. Una gran decisión vital y financiera

"La vivienda no es solo un bien inmobiliario, es también una forma de consolidación espiritual", Mario Benedetti

La compra de una vivienda habitual no solo afecta de lleno a nuestro bienestar, sino también a menudo es el mayor compromiso económico que adquiriremos a lo largo de nuestra existencia, teniendo en cuenta el elevado precio de los pisos, especialmente en las grandes capitales. Se calcula que de media un ciudadano en España necesita 6-7 años de salario íntegro para comprar un piso de 80 metros cuadrados, según datos de un informe de Fotocasa e Infojobs realizado con datos del 2023, que constata que este indicador no ha parado de crecer en los últimos cinco años.

Así que, si debemos dedicar tantas horas a costear el techo que nos da cobijo, lo lógico es poner todo nuestro empeño para acertar en la elección. Un proceso que, aunque cargado de ilusión en la mayoría de casos, a menudo también se convierte en una fuente de estrés, frustración y problemas. En definitiva, no hay margen para equivocaciones, y menos cuando la compraventa requiere firmar una hipoteca a treinta años, convivir con vecinos problemáticos o criar a tus hijos en un barrio que no te gusta.

Por todo ello, antes de llegar al notario será fundamental tener una planificación adecuada, hacer un análisis previo de tu situación financiera y laboral, así como asesorarte bien. Sin embargo, en nuestra sociedad es habitual saltarse estos pasos y lanzarse a hacer una compra tan relevante sin haber recibido siquiera una cultura financiera suficiente como para lidiar con contratos de arras penitenciales e hipotecarios, lo que acaba con frecuencia en disgustos y, lo que es peor, pérdidas económicas.

La situación del mercado laboral también influirá en tu elección final, sobre todo cuando hay mucha más demanda que oferta de vivienda, como ocurre actualmente en las grandes capitales. Este desequilibrio tensa el mercado y los precios, que encadenan una década de subidas. Pese a ello, la abogada especializada en derecho inmobiliario Helena Gallardo recomienda no precipitarse: "Es un gran error".

Hay que evitar dejarse llevar por las prisas sin haber hecho una completa auditoría del bien inmueble que se va a adquirir. El motivo es que hay técnicas que cuestan bien poco para sobrevalorar los pisos, como el *home staging*, que tiene el riesgo de que el comprador no detecte grietas que se acaban de tapar u olor de humedad que se ha disimulado con marketing olfativo. A esto se suma que a menudo hay propietarios que "piensan que su casa es un Taj Mahal", relata la experta, por lo que son poco propicios a negociar, sobre todo cuando hay la sensación de que van a seguir subiendo los precios.

El presupuesto es lo primero

Uno de los pasos iniciales al buscar vivienda es definir un presupuesto realista y adaptado a la situación financiera de cada persona, de lo contrario lo más probable es que experimentes una profunda frustración. Es decir, no puedes pretender comprar un dúplex con magníficas vistas en tu ciudad favorita con un ahorro que solo te daría para un piso de 50 metros cuadrados. Aunque tampoco se trata de quedarte con la primera vivienda que veas, a no ser que sea realmente una oportunidad única.

Jordi Clotet, *personal shopper* inmobiliario y consejero delegado de Nexitum, señala: "Antes de empezar a buscar propiedades, hay que tener muy claro el presupuesto, incluyendo no solo el precio de compra, sino también todos los gastos asociados, como impuestos, comunidad o posibles derramas". Y esto pasa por conocer el importe máximo que podrás financiar, en el caso de necesitar hipoteca. Por lo tanto, la primera visita obligatoria debe ser a la entidad financiera, o a varias de ellas.

La banca, en general, solo financia hasta un 80% del precio de la compraventa o tasación (el que sea más bajo de ambos). Por ello, el comprador deberá tener ahorrado al menos el 20% restante, así como el dinero de los gastos asociados –impuestos, registro de la propiedad y notaría–. En el caso de viviendas de segunda mano, se abona el Impuesto de Transmisiones Patrimoniales (ITP), cuyo tipo aplicable varía según la comunidad autónoma, entre un 6% y un 13%. Para viviendas nuevas, en cambio, se aplica el IVA, generalmente de un 10%, y el impuesto de actos jurídicos documentados (IAJD), cuyo coste depende de cada comunidad, con una tasa más habitual de un 1,5% sobre el precio de la vivienda. Además, existen bonificaciones en estos impuestos para familias numerosas, personas con discapacidad o jóvenes.

Un expediente limpio

Antes de optar a una hipoteca y realizar la compra de una vivienda, es fundamental mantener un expediente financiero impecable. Los bancos evalúan de manera minuciosa el nivel de endeudamiento del comprador y verifican el historial crediticio en busca de deudas impagadas; un expediente limpio abre las puerta a conseguir mejores condiciones hipotecarias. Además, las entidades financieras ven como una garantía que el cliente tenga ingresos recurrentes demostrables y una vida laboral sin lagunas.

Es igualmente relevante mantener un nivel de endeudamiento responsable. La regla general indica que las cargas financieras no deben superar un 35% de los ingresos mensuales. A este objetivo puede contribuir conseguir un préstamo barato, por lo que es aconsejable comparar entre diferentes ofertas hipotecarias, tomando como referencia la TAE (tasa anual equivalente), que refleja el coste real del préstamo incluyendo comisiones y otros gastos asociados, y no solamente el TIN (tipo de interés nominal).

Algunas entidades bancarias ofrecen bonificaciones en la cuota hipotecaria a cambio de contratar productos adicionales como seguros de hogar, alarmas o planes de pensiones. Aunque a primera vista estas opciones puedan parecer atractivas, a menudo encarecen el coste final del préstamo. Por ejemplo, un seguro de hogar contratado a través de la entidad financiera puede ser significativamente más caro que si se adquiere de forma independiente en el mercado, lo que puede no compensar el importe bonificado en el préstamo.

Asimismo, el comprador debe tener en cuenta su capacidad de negociación. Numerosos bancos están dispuestos a ajustar condiciones si el cliente demuestra solvencia económica o dispone de ofertas competitivas de otras entidades. En este sentido, hay que tener presente que un punto de diferencia en la tasa de interés puede representar el desembolso extra de miles de euros a lo largo de la vida de un préstamo. Por ejemplo, para un capital inicial de 200.000 euros a pagar en treinta años, con un tipo de interés fijo de un 3,55%, se destinaría a intereses 114.547 euros. Mientras que si la tasa de interés hubiese sido de un 2,55%, se pagarían por este concepto 78.935 euros, lo que equivale a un ahorro de ¡35.612 euros!

El tiempo es oro

Cuando los precios de la vivienda van al alza sin perspectiva de un cambio en la tendencia del mercado, decidir esperar con la esperanza de encontrar una ganga probablemente solo nos lleve a tener que pagar más por un piso de características similares al que buscábamos hace un año. A esto se suma la fluctuación en el precio de las hipotecas en función de la evolución que sigan los tipos de interés oficiales. Por eso, tanto la indecisión como la prisa excesiva son maneras de actuar poco recomendables para tener éxito en esta empresa.

Con frecuencia, las personas se basan en información desactualizada o imprecisa de portales inmobiliarios que no reflejan los precios reales del mercado. A esto se añade que un 20% de la oferta, que es la que acostumbra a tener una mejor relación calidad-precio, ni siquiera llega a publicitarse online.

Recuerdo la compra de mi primera vivienda, "una oportunidad única" que visité por primera vez una mañana tras un periplo por varios pisos, a cada cual peor. Admito que fue un flechazo sin ningún tipo de criterio, totalmente llevada por la idealización de verme desayunando cada día en su gran cocina, pasando por alto la antigüedad de la finca y el dinero que me costaría en reformas aquella supuesta ganga de 204.000 euros. Siempre me arrepentí de aquella decisión. En cambio, años después, adquirí la que hoy es mi vivienda habitual, un dúplex de nueva construcción y con dos plazas de parking que compré en el 2017 por menos de 200.000 euros. Curiosamente, la primera vez que lo visité salí con la idea de no volver, pues no me convenció. Si no hubiera sido por el comercial que me insistió en que debía verlo con luz natural –pues me lo había mostrado de noche la primera vez–, hubiera dejado pasar una vivienda estupenda y a un precio más que razonable.

Con ello quiero incidir que en la búsqueda de un hogar hay que mantener nuestras emociones a raya y dejar paso a la razón, lo cual es mucho más fácil si contamos con la máxima información posible de la vivienda y partimos de una lista de características básicas que debe reunir la casa que nos podemos permitir. En este sentido, hay que ser conscientes que la presión ejercida por agentes inmobiliarios o el temor a perder una oportunidad pueden conducir a decisiones precipitadas. Es común escuchar frases como: "Si no decides hoy, mañana otra pareja podría quedarse con esta casa". Este tipo de presiones externas no deben influir en una decisión tan importante.

Lo aconsejable, por tanto, es encontrar un equilibrio entre el análisis de la situación y pasar a la acción de manera rápida cuando tenemos claro que estamos ante una buena oportunidad, pero siempre tras haber hecho un estudio riguroso de la vivienda y la comunidad, tarea en la que puede ser de gran utilidad contar con asesoramiento profesional, pues un comprador bien informado y preparado puede tomar decisiones mucho más ágiles y efectivas. Esto incluye investigar las zonas de interés, comprender las dinámicas del mercado local y tener preaprobada una hipoteca si formamos parte del club del 70% de ciudadanos que necesita financiación para comprar casa.

Por último, aconsejo que cada paso que os lleve a vuestro nuevo hogar venga acompañado de un documento escrito, revisado por un abogado experto en derecho inmobiliario, lo que con toda probabilidad os va a evitar más de un disgusto. Como un ejemplo vale más que mil palabras, os voy a poner uno que viví de cerca. En el 2024 ayudé a mi madre a mudarse de vivienda. Tenía en su posesión una finca antigua, construida en la época del desarrollismo, y quería cambiarla por otra más actual, así que se fijó en un edificio de nueva construcción ubicado en la misma calle en la que vivo. Como soy hija única, me pareció una idea fantástica poder tener a mi madre a tres minutos de casa. Fuimos a visitar el piso y nos gustó, pero se negaron a cogernos una paga y señal con el argumento de que lo harían cuando hubieran completado los trámites que conlleva una promoción nueva. Nos aseguraron (verbalmente), eso sí, que la vivienda se entregaría antes de final de año y que nos la reservaban de palabra. Y, como parecían de fiar, nos lo creímos. Medio año después, cuando mi madre ya había vendido su casa para poder pagar la nueva y vivía de manera provisional en la mía esperando a poder mudarse a su nuevo hogar, la inmobiliaria seguía dándonos largas con la novedad que para entonces ni siquiera había ya fecha de entrega prevista. Poco después, descartada aquella compra, los pisos de aquella promoción pasaron a ofertarse a un precio superior... y, mientras escribo estas líneas, aún siguen vacíos, a la espera de su mejor postor.

"La odisea de comprar piso en un mercado tensionado", *Bolsillo*, episodio 65.

"Encontrar el piso ideal: 'Casi el 20% se vende por problemas vecinales'", *Bolsillo*, episodio 36.

8. Ganar dinero con los negocios

"En los negocios, como en la vida, el miedo a equivocarte nunca debería ser mayor que la emoción de hacerlo bien",
Sophia Amoruso

Si analizamos las historias de aquellos que conforman el ranking de las personas más ricas del planeta, encontramos un patrón evidente: Jeff Bezos, Elon Musk, Bernard Arnault, así como gran parte de los multimillonarios de la lista Forbes comparten el haber construido sus fortunas a través de los negocios, lo que nos lleva a la conclusión de que emprender es condición prácticamente sine qua non para llegar a ser rico, a no ser que triunfes como deportista, actriz, cantante o inventor. También allana el camino el pertenecer a una familia adinerada, aunque tampoco eso es por sí solo garantía de éxito. Si no, echa un vistazo a biografías como la de la *socialité* y aristócrata Barbara Hutton (1912-1979), cuyo despilfarro y mala gestión la llevaron de heredar una fortuna de varias decenas de millones de dólares a terminar sus días con tan solo 3.000 dólares en la cuenta corriente.

Decantarse por la vía de los negocios tampoco asegura prosperidad económica, pues por cada historia de triunfo, existen miles de emprendimientos que fracasan. Tal como se desprende de las estadísticas, un 60% de las nuevas empresas cierra antes de cumplir los cinco años de vida.

El principal pecado empresarial que condena a gran parte de las empresas que acaban muriendo es la "poca o mala gestión" de sus finanzas y la falta de planificación, independientemente de que su producción esté "bien dirigida" y cuente con un buen modelo de negocio, explica el consultor financiero Rafel Busom. De poder atajarse a tiempo el problema, calcula que un 40% de las empresas al borde del cierre podrían ser viables.

Más allá de las desventuras y riesgos que entraña trabajar por cuenta propia, ser dueño de un negocio es, sin duda, una aventura enriquecedora, pues cada dificultad se convierte en un aprendizaje invaluable, con potencial para ir moldeando tanto el proyecto como la capacidad del empresario para construir algo desde cero con el fin de satisfacer una necesidad insatisfecha del mercado; una oportunidad de ver cómo una idea cobra vida y transforma el entorno, impactando, en muchas ocasiones, de manera positiva en la sociedad. Así que, si crees que esta puede ser tu vocación, el viaje puede valer la pena.

La segunda fuente de riqueza

Pese a las estadísticas poco halagüeñas, lo cierto es que la iniciativa empresarial representa una de las formas más efectivas de acumular patrimonio. Emprender nos abre puertas hacia una fuente de ingresos que no está sujeta únicamente a nuestro tiempo o esfuerzo directo. A través de un negocio bien estructurado, podemos construir activos que trabajen para nosotros. Por lo tanto, la senda a la riqueza no solo pasa por ahorrar e invertir dinero, sino también por crear negocios que crezcan y sobrevivan. De hecho, según Mathieu Carenzo, emprendedor e inversor en más de sesenta empresas emergentes –o startups–, "el emprendimiento es la vía más corta para lograr la independencia financiera"

Sin embargo, este camino requiere sacrificio y a menudo un cambio de chip. Como un ejemplo vale más que mil palabras, pondré el siguiente: el valenciano Fran Villalba Segarra, protagonista en el episodio 60 del podcast, empezó su carrera emprendedora a los 20 años con la ambición de ofrecer un servicio de almacenamiento en la nube que encripta datos privados y los guarda de manera descentralizada para que solo el usuario pueda acceder a ellos, compitiendo con tecnológicas de la talla de Google, Dropbox y Microsoft. Siete años más tarde, en enero del 2024, su empresa Internxt alcanzó una valoración de 36 millones de euros en una ronda de inversión en la que participaron varios fondos, entre ellos el hub de innovación de Telefónica, Wayra, y Angels Capital, brazo inversor de Juan Roig.

"Existe la falsa sensación de que a la gente rica y con negocios exitosos le ha venido todo de cara, pero no es así", se sincera Villalba. "La realidad es que cuanto más grande es tu empresa, más grandes son tus problemas, y al final la gente que llega lejos en la vida generalmente tiene una alta capacidad de resolverlos". Y esto no siempre significa que se trate de un proyecto con un alto grado de innovación, ya que, en muchos casos, las iniciativas que más impacto y rentabilidad generan son tan evidentes que ni siquiera llegamos a considerarlas.

Otro rasgo común entre las personas que destacan en el ámbito empresarial es la autoconfianza para perseverar en momentos difíciles. Incluso, como reconoce Villalba, es necesario tener un cierto grado de "arrogancia" que les haga creerse capaces de formar parte del pequeño porcentaje de empresarios a los que realmente les va bien. Al mismo tiempo, es clave mantener los pies en el suelo, ser empáticos y saber encajar bien las críticas, entendiendo que es más valioso aprender de las equivocaciones y corregirlas rápidamente que confiar en la suerte.

De empleado a emprendedor

Por otro lado, abrir una empresa muchas veces implica renunciar a la comodidad de un salario fijo, por lo que hay que estar en condiciones de soportar la incertidumbre que genera no saber cuánto se ingresará cada mes. "Uno de mis primeros jefes me dijo: 'Hay dos maneras de ser rico: ganar más y gastar menos. Yo he tratado de hacer ambas cosas teniendo claro que, a la hora de invertir en empresas y de emprender, hay que saber aguantar los años en los cuales vas a ganar poco dinero", nos recuerda Carenzo.

Con el fin de reducir al mínimo la incertidumbre inherente a esta decisión, es recomendable haber hecho previamente los deberes. En primer lugar, hay que identificar una idea de negocio que combine pasión, habilidades y viabilidad en el mercado. Un mensaje que con frecuencia se repite es la importancia de encontrar una idea innovadora. Lo cierto es que lo relevante no es tanto que esa idea sea revolucionaria como que aporte una solución a una necesidad humana insatisfecha o latente.

En segundo lugar, si no se cuenta con suficiente colchón económico, debería explorarse la posibilidad de trabajar en paralelo mientras se emprende, utilizando los ingresos de un empleo estable para financiar el negocio inicial. Una estrategia que permite reducir riesgos y garantizar suficientes ingresos mientras el proyecto toma forma, aunque también requiere dominar la capacidad de gestionar el tiempo y saber cuándo hay que pasar a la acción.

Mathieu Carenzo,[2] cofundador de Venture Hub, consultora que apoya a startups de alto impacto, y profesor asociado de creación de empresas en IESE Business School, explica que escoger el momento idóneo de arrancar máquinas dependerá de la naturaleza del producto o servicio que se ofrezca. No es lo mismo abrir un salón de peluquería que poner en marcha un servicio de almacenamiento de datos, un tipo de empresa en la que un solo fallo puede tener consecuencias graves para la privacidad de los usuarios. En todo caso, aunque tu producto o servicio aún no tenga todas las funciones o cualidades que te gustaría ofrecer en el futuro, lo importante es que ya desde el principio sea útil y resuelva un problema real de tu cliente. Ten presente, además, que la mejor manera de saber si tu idea es viable es poniéndola en práctica.

En tercer lugar, tampoco hay que olvidar que, por mucho

---

2. Carenzo, M. (2025). *Hablando en plata: Una guía honesta y transparente para emprender sin miedo y convencer a inversores*. Gestión 2000.

que se domine un mercado, una industria o se tengan conocimientos específicos sobre una materia, la formación en gestión empresarial será fundamental para levantar una compañía con posibilidades de supervivencia, sobre todo si se quiere montar una empresa de alto impacto, capaz de generar grandes ingresos y contar con una amplia plantilla. Si bien tener títulos universitarios no es requisito indispensable para que un negocio triunfe, cuanto mejor formado esté el emprendedor, más fácil le resultará conseguir su objetivo. También allana el camino, y mucho, disponer de una red de contactos y saber rodearse de un equipo humano con habilidades y conocimientos complementarios.

Por último, otro aspecto que reduce la incertidumbre al emprender es conocer los errores más frecuentes que se cometen. Uno de ellos es no entender los costos de producción de la empresa o no calcular correctamente sus márgenes. Esto puede derivar en precios inadecuados y, en última instancia, en la inviabilidad financiera del negocio tras intentar resolver el problema a menudo de la misma forma: con deuda. Afortunadamente, existen dos alternativas a la banca para obtener liquidez: las subvenciones y recurrir a inversores privados, como socios estratégicos, ángeles inversores –que aportan su propio capital a cambio de participaciones– y fondos de capital riesgo. Cada una de estas tres opciones tiene pros y contras, por lo que la razón de decantarse por una u otra deberá supeditarse a las preferencias de cada emprendedor, así como al modelo de negocio y la fase en la que este se encuentre.

Caminar poco a poco para evitar tropiezos innecesarios
Emprender no significa lanzarse al vacío sin paracaídas. Los grandes empresarios también comenzaron dando pequeños pasos, construyendo una base sólida antes de asumir riesgos sustanciales. En este sentido, el emprendedor Fran Villalba resalta la importancia de evitar recurrir a crédito o a inversores privados en las primeras etapas. "Mi recomendación es retrasar ambas opciones tanto como sea posible", señala. No obstante, reconoce que cuando se lanzó a emprender cometió la equivocación de pedir un préstamo avalado personalmente pese a ser consciente de que tenía altas probabilidades de fracasar.

Por ejemplo, si comienzas con un préstamo personal de 50.000 o 80.000 euros, te expones a un riesgo financiero significativo, ya que seguirás obligado a devolver esa deuda aunque la empresa ya no exista. En cambio, si recurres a inversores privados desde el inicio, cedes parte del control sobre la empresa y vendes participaciones a un precio bajo, en comparación con el valor que podrían alcanzar en el futuro. En contrapartida, los inversores pierden su dinero si el negocio no prospera.

Por otro lado, es crucial el control financiero. "Los emprendedores deben llevar un control mensual de sus resultados para anticiparse a los problemas. Las empresas que fracasan suelen hacerlo porque pierden la capacidad de reacción ante cambios inesperados", subraya el consultor financiero Rafel Busom.

Otro desacierto que he vivido de manera indirecta, a través de la aventura empresarial de familiares y amigos, es caer en la tentación de comenzar a lo grande, invirtiendo demasiado dinero al principio sin tener un colchón económico suficiente. Así que un consejo sensato es que, si no quieres experimentar los sinsabores de declararte en quiebra, vayas poco a poco para poder tantear la respuesta del mercado e ir realizando los ajustes y cambios pertinentes, con paciencia y perseverancia, sin renunciar a dar por concluido el negocio por falta de resultados. Si este fuera el caso, quédate siempre con esta lectura positiva: el fracaso es también una fuente de aprendizaje, pero si llega, que cueste lo más barato posible.

 "Mathieu Carenzo: 'A partir de los 45 años la vida laboral se complica, pero hay alternativa'", *Bolsillo*, episodio 80.

 "El ascenso al Everest empresarial de Fran Villalba", *Bolsillo*, episodio 60.

 "Los tres principales errores financieros que hunden empresas", *Bolsillo*, episodio 64.

9. Con vistas al futuro

"Nunca elijas el dinero por encima de las personas que amas; las personas son insustituibles, el dinero no", Anónimo

A menudo me encuentro con personas formadas y con brillantes carreras que no tienen reparo en admitir su desidia respecto a aprender a gestionar bien su dinero: "Es algo que no me interesa", "No me gusta" e incluso he llegado a oír a gente afirmar que siente animadversión por quienes deciden invertir. El tabú que persiste en torno a las cuestiones dinerarias sigue siendo una lacra para el bienestar social, además de un obstáculo para el empoderamiento de las mujeres, a quienes en España se negaba la apertura de una cuenta bancaria sin autorización marital hasta hace relativamente pocas décadas, lo que demuestra que no hay manera más eficaz de someter al prójimo que limitando su progreso hacia la independencia financiera.

Lo cierto es que por mucho que haya personas con prejuicios contra el dinero, es imposible vivir de espaldas a él, ya que en prácticamente todas las facetas de la vida, inclusive las más íntimas, acabamos tomando decisiones financieras o bien recibiendo las consecuencias de las decisiones de esta índole que toman otros; una dinámica que se extiende desde el nacimiento hasta la muerte. Cuanto antes asumamos que el peculio es inherente a la naturaleza humana, más proclives seremos a desarrollar habilidades y hábitos que nos permitan relacionarnos con él de la manera más funcional posible, con lo cual no quiero decir que se convierta en eje vertebrador de nuestra existencia, aunque sí debe ser un elemento esencial para lograr una vida digna.

Por lo tanto, hay que abordar este aspecto con atención y responsabilidad, ya que como sostiene el Dalái Lama, nuestras acciones tienen un gran peso en la construcción de nuestra felicidad. Por eso, en el terreno financiero, procrastinar no es opción, pues las decisiones de hoy determinarán en gran medida nuestro destino y también el de nuestros seres queridos.

El dinero, además, es una herramienta muy potente para escudriñar en el interior de las personas; conocer prioridades, aficiones y gustos, incluso aquellos que se podrían calificar de inconfesables. Pocas cosas nos dicen tanto de la forma de ser de alguien que echar un vistazo a su cuenta corriente o al extracto de su tarjeta de débito o crédito; si bien hay gastos ineludibles que la mayoría compartimos, como el pago de hipotecas, alquileres o suministros, analizar otros desembolsos más discrecionales nos ofrece una valiosa información sobre nuestras preferencias y estilo de vida.

Así que, si el rostro es el espejo del alma, nuestra cuenta corriente también lo es, especialmente si haces un mayor uso de la tarjeta bancaria que del efectivo (tenlo en cuenta cada vez que negocies algo con tu banquero). Reflexión que puede ser de especial utilidad sobre todo para los que se encuentran inmersos en la empresa de conocer a su media naranja y para cualquiera que se proponga orientar sus decisiones financieras, por insignificantes que sean, hacia la consecución de sus metas más trascendentales.

Finanzas en pareja

Tomar decisiones que afectan a nuestro bolsillo es complejo, pero aún lo es más cuando se hace entre dos. Porque si las necesidades difieren, hay desigualdad salarial y el dinero escasea, las fricciones en la pareja aumentan. Es por esta razón que los problemas financieros suelen estar entre los principales factores que conducen al divorcio. De ahí la importancia de abordar esta cuestión de manera clara y efectiva desde el principio de la relación, casando intereses comunes y estrategias para que el paso por el altar no acabe marcando el pistoletazo de salida de una relación más tormentosa que amorosa.

Como advierte el psicólogo y terapeuta de parejas Antoni Bolinches, "Donde no hay harina, todo es mohína", expresión que hace referencia al hecho de que la falta de recursos económicos genera discordias cuando las dos partes están en desacuerdo en lo que deben ahorrar, a qué deben destinar esfuerzos económicos o dejar de hacerlo. En este sentido, si bien las rupturas sentimentales afectan a todas las clases sociales, Bolinches avisa que los problemas relacionados con la escasez de dinero son un factor de riesgo suplementario para la pareja.

Por este motivo, y en contra de lo que muchos piensan, hablar de dinero de forma clara y abierta desde el noviazgo contribuirá a reforzar el vínculo amoroso, como también lo hará conseguir llegar a un pacto económico inicial sobre la filosofía de gestión del gasto y del ahorro, acuerdo que debería revisarse de manera periódica para adaptarlo a las nuevas circunstancias, ya que las obligaciones económicas y objetivos financieros pueden ir cambiando a lo largo de las distintas etapas vitales, sobre todo con la llegada de los hijos.

Hay otra cuestión peliaguda que toda pareja se ve obligada a pactar al inicio de la convivencia: la aportación que hará cada una de las partes a la economía doméstica, decisión que debe ser suficientemente equilibrada como para satisfacer a ambos y no generar resentimientos ni percepciones de injusticia. Sin embargo, no hay una fórmula universal. Antaño, cuando mayoritariamente era el hombre quien trabajaba fuera de casa, se estilaba que el matrimonio compartiera una misma cuenta bancaria. A mi modo de ver, esta modalidad limita en exceso la independencia financiera de cada uno de los cónyuges, además de ser un factor que puede erosionar el sentimiento romántico. Para ilustrar el sentido de esta afirmación, imagínate que todos tus ingresos van a una cuenta compartida con tu pareja y esta decide sorprenderte regalándote el día de tu cumpleaños el último modelo de iPhone que tanta ilusión te hace, pero días antes de que llegue la fecha desaparecen de tu cuenta corriente (que es la de los dos) 1.200 euros. Adiós a la sorpresa.

Por esta y otras razones, en la sociedad actual las parejas suelen operar con una cuenta propia combinada con otra cuenta para el hogar y los gastos compartidos. Esta modalidad tiene, a su vez, dos variantes: la primera es la de aportación simétrica, en la que las dos partes ingresan la misma cantidad de dinero para los gastos comunes, y la segunda variante es la de aportación proporcional, en la que cada parte transfiere a la cuenta común un porcentaje de lo que gana. Así, por ejemplo, si uno percibe 2.500 euros al mes y el otro tan solo 1.500 euros, el sistema proporcional tendería a fomentar una mayor equidad y reduciría la desigualdad, mientras que el sistema simétrico tendría el efecto contrario, a menos que la persona más rica compensara de alguna manera a la otra, por ejemplo con regalos o costeando las actividades de ocio. De optarse por hacer aportaciones proporcionales, el que menos contribuya económicamente al hogar podría compensar a la otra parte ocupándose en mayor medida de las tareas del hogar o del cuidado de los hijos. En definitiva, elegir conjuntamente una u otra opción dependerá de la diferencia salarial que exista entre los miembros de la pareja y del modelo que se considere más justo en cada caso particular.

Por otro lado, formalizar el vínculo amoroso a través del matrimonio o la declaración de pareja de hecho también tiene consecuencias económicas, como el derecho a recibir una pensión de viudedad, siempre que se cumplan ciertos requisitos. En España, existen tres regímenes matrimoniales que regulan las relaciones económicas entre los cónyuges y entre estos y terceros durante el tiempo que dure el enlace. Estos son: 1. el régimen de gananciales, en el que todo el patrimonio generado durante el matrimonio se reparte a partes iguales entre los cónyuges en caso de divorcio; 2. el régimen de separación de bienes, en el que, por regla general, todos los bienes y deudas adquiridos durante la relación se consideran individuales, y 3. el régimen de participación, que combina elementos de los dos anteriores. Dependiendo de la comunidad autónoma, se aplicará por defecto el régimen de gananciales o el de separación de bienes, aunque siempre es posible pactar en las capitulaciones matrimoniales la opción que mejor se adapte a cada pareja.

Hasta que el dinero nos separe

Sí, la buena gestión de las finanzas une a las parejas, y por descontado el amor, pero el matrimonio acaba siendo a menudo su tumba. Hay estudios que indican que un tercio de las parejas que se casan acaban desarrollando su vida por separado antes de cumplir dos décadas de convivencia. Y una vez muerto el romance, llega el dilema: ¿romper o seguir adelante? "La mayoría están hartos", dice convencida Adriana Auset tras 25 años divorciando a parejas. Pese a

ello, las estadísticas oficiales reflejan una significativa disminución de las disoluciones matrimoniales desde el año
2012, lo que se atribuye en parte a las dificultades económicas que atraviesan muchos hogares y al descenso de la
nupcialidad.

"Es cierto que muchas personas no pueden divorciarse
porque económicamente los números no dan", admite la
abogada especializada en derecho de familia. El principal
motivo es que la ruptura supone sufragar dos viviendas en
vez de una y tener que hacer frente al aumento de algunas
partidas de gasto, como la de suministros y transporte. Razones suficientes para concluir que el divorcio representa
uno de los mayores desafíos financieros, tal como deja pa-
tente el informe *El divorcio en España* del Observatorio demográfico CEU-CEFAS, en el que se concluye que las rupturas provocan un empeoramiento "apreciable" del nivel de
vida de los miembros de la extinta pareja, a menos que se
pertenezca a la clase media-alta, donde el divorcio es "one-
roso, pero no mata económicamente". Para el resto de los
mortales, avisan los autores del estudio, "el daño es muy
considerable y –en no pocos casos– causa la ruina económica a los afectados".

Pero cuando este duro trámite se hace inevitable, es crucial dejar los resentimientos de lado, por lo que asumir una

actitud madura y enfocarse en las soluciones resulta clave para minimizar el impacto del divorcio en las finanzas personales. Un primer paso esencial es priorizar y clasificar los gastos indispensables, garantizando en la medida de lo posible que la calidad de vida de los hijos –si los hay– no se vea perjudicada. Esto implica establecer cómo se financiarán los costos asociados a la educación, la salud y las actividades extraescolares. Una solución común es que la persona con mayores recursos económicos asuma una mayor proporción de estos gastos, al menos temporalmente, mientras la otra parte trabaja en estabilizar su situación laboral.

La redistribución de recursos económicos puede ser particularmente difícil cuando uno de los cónyuges depende en gran medida de los ingresos del otro. En estos casos, tocará ajustar expectativas para adaptarse a la nueva realidad financiera y poner en marcha un plan para conseguir aumentar ganancias o lograr nuevas fuentes de ingresos.

Otro aspecto conflictivo es el domicilio familiar. El cónyuge que se queda con el uso de la vivienda habitual deberá asumir los gastos derivados del uso del inmueble (como agua, luz y gas), mientras que los gastos inherentes a la propiedad (como hipoteca, IBI y comunidad) irán a cargo de los titulares de la misma, salvo que se pacte lo contrario y con excepción de la comunidad autónoma de Catalunya, donde el Código Civil establece que el IBI y la comunidad debe costearlo el excónyuge que se queda en la vivienda.

No obstante, los elevados precios de la vivienda pueden ser un obstáculo para que la parte que debe proveerse de nuevo techo pueda asumir las obligaciones económicas derivadas del divorcio. Por ello, se puede valorar la posibilidad de que el que se queda en el domicilio familiar se adjudique la mitad indivisa de la otra parte mediante el procedimiento de división de bienes comunes, que conlleva menos gastos que una compraventa. "Sin embargo, esta solución no está exenta de problemas, porque el que ha hecho una mayor aportación en el momento de adquirir la vivienda –poniendo más dinero para la entrada del piso o para reformas– y pretende recuperarlo en ese momento, legalmente no tiene derecho al reembolso, ya que en el régimen de separación de bienes dichos gastos se consideran donaciones durante el matrimonio", dilucida la abogada. Solamente un contrato de préstamo fehaciente elaborado en su momento podría haber desvirtuado esa donación o liberalidad para que fuera exigible el reembolso o el reintegro. Mientras que en el régimen de gananciales, que es el que prevalece en la mayoría de comunidades autónomas, el problema ya no existe porque todo se liquida a un 50% en caso de ruptura matrimonial.

En cuanto a las deudas, el divorcio no las elimina. Los bancos continúan considerando a ambos cónyuges como deudores solidarios, por lo que se aconseja negociar un acuerdo que estipule la manera en la que se asumirán los pagos pendientes, como préstamos hipotecarios o vehiculares. En este aspecto, deberían priorizarse las actitudes positivas y constructivas durante este proceso para evitar futuros conflictos legales y financieros.

Las pensiones compensatorias son otro punto de tensión en los divorcios. Estas se otorgan al miembro que queda en desequilibrio económico debido a su dedicación al hogar y los hijos. Dependiendo de factores como la edad, la formación y la experiencia laboral del beneficiario, estas prestaciones pueden ser vitalicias o limitadas en el tiempo si el cónyuge con menores recursos económicos tiene formación y edad de trabajar. Además, la legislación reconoce compensaciones económicas para cónyuges que se han dedicado al hogar y la familia y que gracias a eso la otra parte de la pareja ha podido crecer profesionalmente y adquirir patrimonio a título privativo en el régimen de separación de bienes.

Un elemento que puede mitigar muchos de estos problemas es la firma de acuerdos prematrimoniales. Si bien esta práctica es poco común en Europa, puede ser una herramienta útil y saludable para prevenir futuras disputas. En todo caso, y aunque divorciarse pueda parecer abrumador, también es una oportunidad para reiniciarse, establecer nuevas metas y encontrar una vida más equilibrada y satisfactoria.

Un legado feliz

Un común denominador de muchas de las personas que tenemos hijos o ahijados es que a medida que vamos cumpliendo años nos complace más intensamente la idea de dejarles un patrimonio que garantice su bienestar el día que ya no estemos. En mi caso, mi sueño es que mis hijas se emanciparan sin necesidad de tener que costearse techo, gozando de un grado de independencia financiera mayor del que he podido gozar yo, al menos hasta ahora. Tal como está la carestía de la vida, reconozco que suena bastante utópico, y admito también que tengo conocidos y amigos que, lejos de compartir la misma manera de pensar, desean fundirse todo su patrimonio mientras vivan, obligando a sus descendientes a labrarse su propio bienestar. Me parece una postura respetable y lógica, sobre todo teniendo en cuenta que se dan casos de padres que han llevado estilos de vida míseros para acumular un buen legado y que, una vez fallecidos, sus herederos han dilapidado todo el dinero en un santiamén. Espero que la lectura de este libro sirva a mis descendientes de inspiración para que el día de mañana intenten sacar el máximo partido del legado familiar sin discusiones ni quebraderos de cabeza.

Porque si hay un ámbito vinculado a las finanzas personales que genera conflictos, el que más, es sin duda el de las herencias. En muchos casos, la repartición de los bienes de un difunto acaba en trifulca. "Tenemos una estadística altísima de peleas entre familiares en el reparto de herencias. Entre un 80% y un 90% de familias se pelean, y alrededor de un 30% de estas acaban rompiendo para toda la vida", sostiene el abogado experto en sucesiones Alejandro Ebrat Picart. No es por tanto ninguna exageración afirmar que las herencias sacan lo peor del ser humano, incluso cuando incumben a parientes a priori bien avenidos, lo que resulta profundamente doloroso. Para evitar situaciones como esta, es primordial abordar la confección de un testamento y la planificación sucesoria como una gestión trascendente y necesaria, lo que implica romper el tabú que perdura en numerosas familias respecto al binomio dinero y muerte.

Las peleas por las herencias surgen muchas veces por la falta de previsión o porque no se han adjudicado bienes concretos a los herederos; dejar propiedades específicas a cada hijo, según sus necesidades o relaciones familiares, puede evitar problemas. Por ejemplo, si uno de los descendientes ya vive en una propiedad, lo ideal sería asignársela y compensar al resto con otros bienes o valores monetarios, por lo que Ebrat, autor del libro *Herencias felices*, lanza la siguiente advertencia: "Nunca dejes una propiedad a medias entre varios hijos". Pero si no queda más remedio que hacerlo, es mejor establecer mecanismos claros, como la venta de la propiedad y el reparto del dinero.

Aceptar un testamento puede parecer una bendición, aunque también a veces acaba convirtiéndose en una carga financiera. Existen casos en los que las deudas del fallecido superan los bienes heredados, lo que conduce a situaciones extremas. Un ejemplo impactante que comparte el letrado es el caso de una madre que heredó el piso que compartía su hija con su yerno, el cual asesinó a su esposa y fue a la cárcel. Tras aceptar la herencia sin asesorarse, esta madre tuvo que asumir no solo la hipoteca del piso, sino también las deudas del yerno asesino, ya que él estaba en prisión y no podía pagarlas. Este caso refleja la importancia de aceptar las herencias "a beneficio de inventario", una figura legal que protege el patrimonio personal del heredero frente a posibles deudas, ya que quedará eximido de pagarlas si su importe es superior al valor de la herencia.

Aunque la igualdad parece ser el camino más sencillo, no siempre es la mejor opción. Es común que algunos hijos hayan recibido bienes o apoyo económico en vida, y eso puede ajustarse al momento de repartir la herencia. También se puede premiar a quienes han estado más presentes en el cuidado de sus ascendentes. "Lo importante es que los padres planifiquen y tomen estas decisiones sin involucrar directamente a los hijos, para evitar conflictos desde el principio", aconseja el abogado.

Otra ventaja de planificar con tiempo una herencia es el ahorro impositivo del que podrán beneficiarse los herederos si este paso se lleva a cabo con asesoramiento legal y tributario. Además, no hay que olvidar que la regulación del impuesto de sucesiones y donaciones puede variar en función de la comunidad autónoma de residencia.

En todo caso, redactar un testamento de manera reflexiva y bien diseñada es uno de los mejores legados que puedes dejar a tus seres queridos. Morirse en paz significa haber hecho todo lo posible para que tu partida no se convierta en una fuente de pesar para los que se quedan. Y en todo este proceso siempre ten presente que la familia es lo que queda después de la herencia.

"Finanzas en pareja: cinco errores que matan el amor", *Bolsillo*, episodio 26.

"Divorcio y dinero: 'La mayoría de matrimonios están hartos, pero compensa seguir'", *Bolsillo*, episodio 54.

"Herencias: 'Nunca dejes una propiedad a repartir a tus hijos'", *Bolsillo*, episodio 30.

Bibliografía

Ajram, J., & Pérez, R. (2017). *Social trading para dummies.* Grupo Planeta.

Alvargonzález, V. (2014). *¿Y yo, qué hago con mis ahorros?* Deusto.

Baijavier. (2024). *El arte de hacer crecer tu dinero.* Penguin Random House.

Bermejo, P. (2018). *El cerebro del inversor.* Pirámide.

Buffett, M., & Seah, S. (2020). *Los 7 secretos para invertir como Warren Buffett.* Deusto.

Castro, J. (2022). *Objetivo: emprender.* Newman Ediciones.

Clotet, J. (2023). *Las 7 puertas para comprar tu vivienda y acertar.* Gestión 2000, Grupo Planeta.

De Mas, T. (2023). *El arte de hacer dinero.* Arpa.

De Santiago, N. (2024). *Emprende en positivo.* Editorial Planeta.

Díaz, P. (2023). *Finanzas descentralizadas: La nueva y definitiva libertad económica*. Deusto.

Funcas (2019). *El ahorro y la inversión en España: Evolución y perspectivas*.

Funcas. "Intenso esfuerzo de reducción de la deuda por parte de familias y empresas en 2023", *FuncasBlog*, 10/IV/2024.

Gómez López, E. (2023). *La biblia de la inversión inmobiliaria: Construye ladrillo a ladrillo tu estabilidad financiera*. Deusto.

Jiménez Largo, I. (2024). *Aprende a ahorrar*. Ediciones Pirámide.

Kiyosaki, R.T. (2016). *Padre rico, padre pobre*. Debolsillo Clave.

López Pérez, A. (2024). *Deja de perder dinero en bolsa*. Deusto.

Malvehy Guilera, X. (2017). *Manual de planificación financiera*. Autoedición.

Martínez Llorente, J. (2018). *Finanzas para frikis*. Plataforma Editorial.

Nasarre Aznar, S. (2021). *La gran apuesta*. Tirant Editorial.

Noya, E. (2021). *Fintech*. LID Editorial.

Observatorio Demográfico de CEU-CEFAS (2024). *El divorcio en España*.

Pita, L. (2022). *Ten peor coche que tu vecino*. Editorial Almu-zara.

Ramsey, D. (2003). *La transformación total de su dinero*. Grupo Nelson.

Samsó, R. (2020). *Sabiduría financiera*. Instituto Expertos.

Sarafero (2023). *Ahorra y vencerás*. Random Comics.

Serrano, F. (2013). *Escuela de Bolsa: Manual de trading*. Editorial Almuzara.

Taleb, N. N. (2024). *El cisne negro*. Ediciones Paidós.

Vilá Medina, R. (2024). *Disfruta de tus ahorros.* Ediciones Pirámide.

Yll Escot, V., y Martínez Llorente, J. (2024). *Wellness financiero*. Profit Editorial.

Agradecimientos

Este trabajo bibliográfico ha sido posible gracias al compromiso de Libros de Vanguardia con la educación financiera. Es un honor para mí colaborar con este sello editorial para articular todo el conocimiento que he ido recopilando en los últimos años sobre esta materia, que no solo me ha permitido crecer profesionalmente, sino también personalmente. Asimismo, agradezco a todos los invitados del podcast *Bolsillo*, incluso aquellos que no he podido incluir en este libro, que hayan contribuido a este proyecto con sus valiosos testimonios y conocimientos. Quiero destacar de manera especial la colaboración en la revisión de contenidos a Begoña Castro, Josep Ramon Aixelà, Víctor Alvargonzález, Eloi Noya, Jordi Mercader, Jordi Martínez, Arturo López, Francisca Serrano, Adriana Auset, Mathieu Carenzo, Alejandro Ebrat y David Andrés Valencia.

Y, por último, agradezco a mi familia más cercana, y en especial a mis hijas, Nora y Júlia, y a mi marido, Josep, su comprensión y paciencia durante el tiempo que he dedicado a la escritura de *Cuida tu bolsillo*.